"十四五"高等职业教育汽车类专业系列教材

汽车机械基础

荆　莹◎主　编
王成勤　常留学◎副主编

中国铁道出版社有限公司
CHINA RAILWAY PUBLISHING HOUSE CO., LTD.

内 容 简 介

本书为“十四五”高等职业教育汽车类专业系列教材之一，系根据高等职业院校汽车类专业的教学实际，遵循“贴近专业实践、符合专业能力培养定位、有利学生学习”的原则，结合汽车专业领域的职业要求编写。全书共六个单元，包括汽车机械概述、汽车动力装置机构、汽车传动装置常用机构、汽车常用零部件、汽车液压传动、汽车气压传动。

本书紧密围绕汽车专业特点展开阐述，完整体现了机械基础知识在汽车专业学习中的基础性和实用性，具有较强的专业培养针对性。

本书适合作为高等职业院校汽车类相关专业的教材，还可作为相关行业、企业人员培训、技能鉴定参考书及自学用书。

图书在版编目（CIP）数据

汽车机械基础 / 荆莹主编. -- 北京 : 中国铁道出版社有限公司, 2025. 1. -- (“十四五”高等职业教育汽车类专业系列教材). -- ISBN 978-7-113-31750-8

Ⅰ. U463

中国国家版本馆CIP数据核字第2024W2P665号

书　　名：汽车机械基础

作　　者：荆　莹

策　　划：张围伟　何红艳　　　　编辑部电话：（010）63560043

责任编辑：何红艳　包　宁

编辑助理：郭馨宇

封面设计：刘　颖

责任校对：苗　丹

责任印制：赵星辰

出版发行：中国铁道出版社有限公司（100054，北京市西城区右安门西街8号）

网　　址：https://www.tdpress.com/51eds

印　　刷：天津嘉恒印务有限公司

版　　次：2025年1月第1版　2025年1月第1次印刷

开　　本：787 mm × 1 092 mm　1/16　印张：9.25　字数：247千

书　　号：ISBN 978-7-113-31750-8

定　　价：36.00元

前言

在高等职业院校汽车专业群“基础、深化、特色”技术技能教育平台的课程体系中，汽车机械基础课程属于“专业群基础技术技能教育平台课”的学习领域。

为了满足汽车领域高素质技术技能人才的培养需求，本书以培养与汽车企业接轨的实用型、高素质技术技能型人才为出发点，在编写过程中，广泛征求了相关院校和维修技术人员的意见，充分考虑到目前高等职业院校的特点和汽车企业对人才的需求，将传统的机械基础系列课程包括工程材料、机械原理、机械设计、工程力学、金属工艺学、互换性与技术测量等课程内容进行融合优化，重构为“汽车机械基础”这一门主干技术基础课，力求实现基础理论知识与专业技术训练有机结合，职业素养和专业基础能力相融合。

在总结教学团队多年教学经验和已有教材的基础上，充分吸收先进职教理念和方法，本书形成如下特点：

1. 落实“立德树人”根本任务

本书将爱国主义精神、职业素养、职业道德、精益求精的工匠精神等思政元素融入教学内容，坚定学生技能成才、技能报国的信念。

2. 突出职教特色，重在应用能力培养

遵循技术技能人才成长规律，使知识传授与技术技能培养并重。推进三教（教师、教材、教法）改革，创新编写模式。以“单元引领、任务驱动”为主线，以企业和岗位需要为依据，对接职业标准和岗位要求，加强对学生汽车机械机构分析、应用能力的培养。

3. 突出“校企合作、产教融合”，提高与行业企业的契合度

坚持产教融合，校企双元开发，强化行业指导及企业参与，注重吸收行业企业技术人员、能工巧匠的实践经验，聚集具有行业、企业丰富实践经验和高级职称的技术人员参与教材内容体系的设计并参与教材编写。课程以当前专业目录为依据，结合产业转型升级需要，及时将产业发展的新技术、新工艺、新规范融入教材。

4. 以任务驱动为主线，实现知行合一

本书以工作过程为导向，工作任务为驱动，培养职业能力为目标，通过过程评价考核，实现能力的逐步提升。以汽车的结构及传动路线为主线，通过任务目标、任务描述、任务分析（加强学生对任务的理解）、任务实现、任务评价等环节实现完整的行动过程，着力提升学生的专业基础能力和就业能力。

5. 内容编排符合认知规律，教材形式活泼多样

本书按照由简单到复杂、由现象到本质的规律设置结构，在内容上融入汽车专业职业能力培养的理念，尽可能以学生的生活经验、常见现象及实际汽车零件作为教学任务的引入。在内容的编排上注重多样化，尽可能符合学生的认知规律，力求“图文并茂、以图表代替文字”，大量运用实物图，以求充分调动学生的学习兴趣。通过对知识的归纳，用表格、曲线、图片等直观形式表达抽象的定义、结构和原理，方便学生自主学习，增强发现问题和解决问题的能力，促进职业素养的养成。

本书由徐州工业职业技术学院荆莹任主编，王成勤、常留学任副主编。具体编写分工如下：单元一，单元二任务一、任务二由荆莹编写；单元二任务三、任务四，单元三，单元四任务一由王成勤编写；单元四任务二，单元五，单元六由常留学编写。全书由荆莹统稿并定稿。此外，徐州工业职业技术学院付红飞、魏彬和宋发民，徐州徐工汽车制造有限公司陈太荣，徐工集团张杰山也对本书的编写工作给予了很大的帮助和指导，在此深表感谢。

本书在编写过程中参考了大量的资料和文献，在此对这些资料的编著者表示诚挚的谢意。

由于编者水平有限，书中难免存在不足之处，敬请广大读者批评指正。

编　者

2024 年 10 月

目 录

单元一 汽车机械概述

机械是人类在长期生产实践中为满足自身生活需要而创造出的工具。机械工业已经成为现代工业的基础，机械的发展水平是衡量一个国家技术水平和现代化程度的重要标志。汽车机械是机械工业的重要组成部分，汽车机械基础是汽车类专业的一门专业技术基础课程，是学习高层次专业技能的重要基石。

学习目标

1. 掌握汽车机械的组成及基本特征；
2. 掌握机械、机器、机构、零件、构件、部件的概念；
3. 掌握汽车零部件材料的分类、性能及应用；
4. 将社会主义核心价值观与职业道德教育贯穿学习全过程，引导学生坚定技能成才、技能报国的信念。

任务一 认识汽车机械总体结构

任务目标

1. 观察并识别汽车的结构，能够分析汽车行驶的动力传动路线；
2. 能够对机器、机构、构件和零件等进行区别。

任务描述

观察实际车辆，分析汽车由哪些部分组成。

任务分析

机械是将已有的机械能或非机械能转换为便于利用的机械能，以及将机械能转变为某种非机械能或用机械能完成一定工作的装备或器具。汽车机械是机械工业的重要组成部分。

任务实现

一、汽车机械结构分析

机械是机器和机构的总称。本书研究的对象是汽车机械，由数百个总成、上万个零件装配而成。当使用不同的动力装置时，汽车总体构造差异很大，具体构造也不尽相同。例如，以发动机为动力装置的汽车一般由发动机、底盘、车身及电气系统四大部分组成，以实现汽车基本的安全行驶功能；也可以通过增加复杂系统进行动力性、安全性、环保性、经济性、智能化等性能的提升和强化。图1-1所示为典型轿车的整体结构。

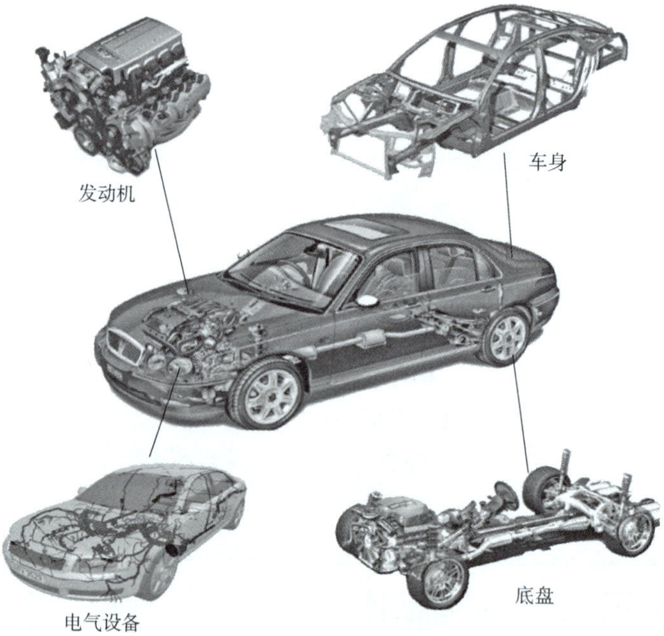

图1-1　典型轿车的整体结构

1. 发动机

发动机是一种将燃料的能量转换为机械能的机械装置，是汽车的动力源。由两大机构（曲柄连杆机构、配气机构）和五大系统（燃料供给系统、冷却系统、润滑系统、点火系统和起动系统）组成，如图1-2所示。其中汽油发动机具备点火系统，而柴油发动机没有。

2. 底盘

底盘是发动机、车身及其他总成与部件的安装基体，能够接收发动机输出的动力，使汽车产生运动并保证汽车正常行驶。底盘包括传动系统、行驶系统、转向系统和制动系统四大部分，如图1-3所示。

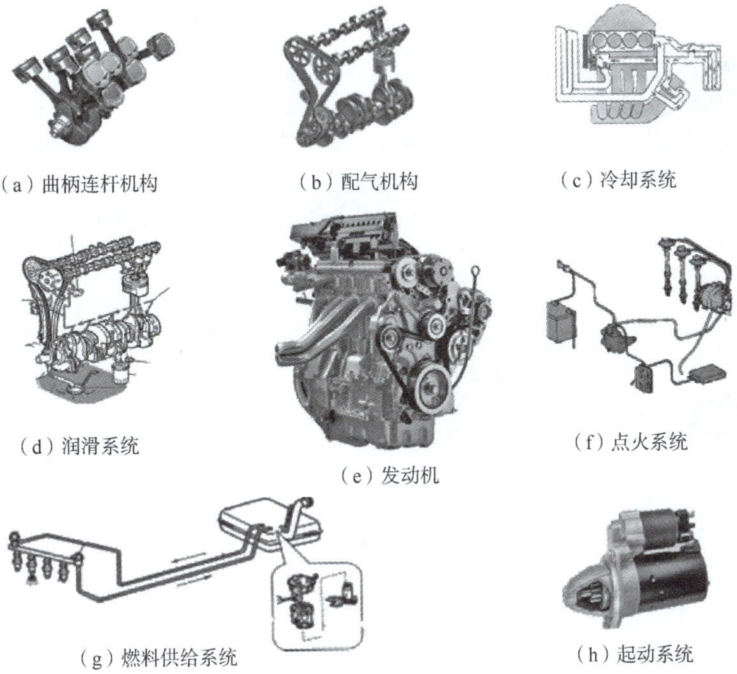

（a）曲柄连杆机构　（b）配气机构　（c）冷却系统

（d）润滑系统　（e）发动机　（f）点火系统

（g）燃料供给系统　（h）起动系统

图1-2　发动机的组成

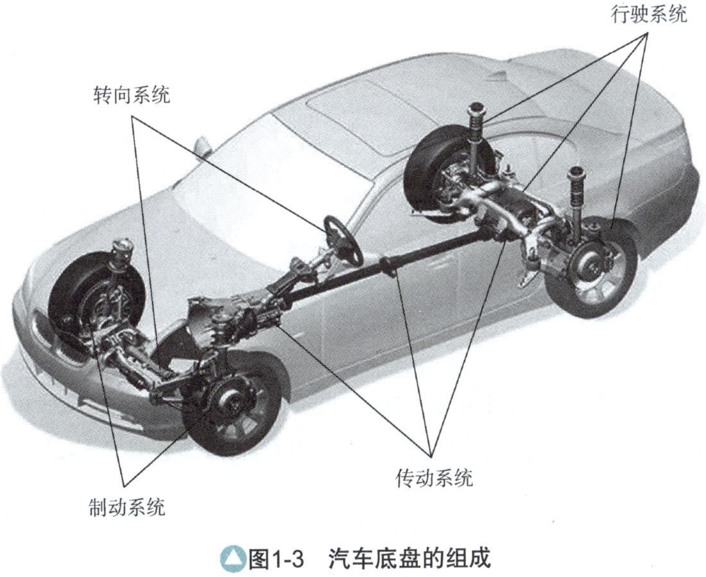

图1-3　汽车底盘的组成

3. 车身

车身是驾驶人工作及容纳乘客和货物的空间。货车车身包括车头、驾驶室、货箱；客车和轿车车身是一个整体封闭空间。

4. 电气设备

电气设备主要包括电源、用电设备两大部分。电源包括蓄电池和发电机；用电设备包括发动机的起动系统、汽车电子控制装置和汽车的照明、信号、仪表等，如图1-4所示。

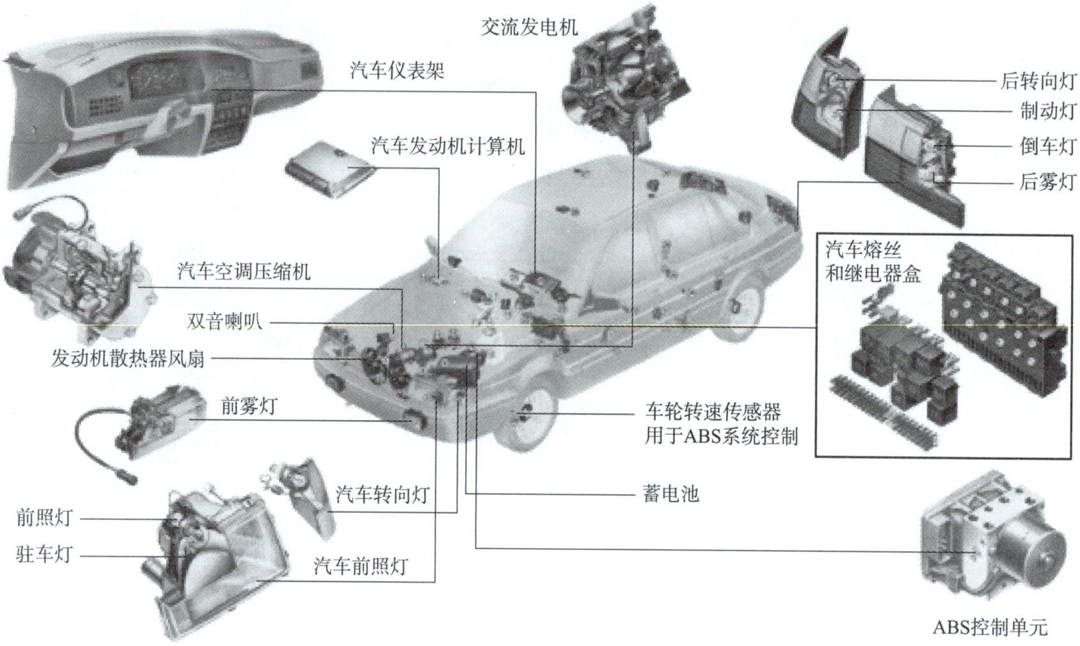

图1-4　汽车电气设备

二、机器与机构的组成与特征

1. 机器的组成与特征

机器又称机械，汽车上机器的种类繁多，如发动机、变速器等，其结构、功用各异，但从机器的功能和组成分析有许多共同之处。从功能来讲，机器通常由以下四部分组成。

（1）动力部分。是驱动整个机器完成预定功能的动力源，如汽车的发动机等。各种机器广泛使用的动力源有电力、热力、液力、压缩气体、风力等。

（2）执行部分。是机器中直接完成工作任务的组成部分，如汽车的行驶系统、内燃机的活塞、起重机的吊钩、机床的刀架等。

（3）传动部分。可以按工作要求将动力部分的运动和动力传递给工作部分，实现减速、增速、调速、改变转矩以及改变运动形式等功能，从而满足执行部分的各种要求。如汽车的传动系统、内燃机的连杆、齿轮机构等。常用的传动形式有机械传动、液压传动、气压传动、电动传动等。

（4）控制部分。是控制机器启动、停车和变更运动参数的部分，使上述三大基本组成部分彼此协调运作，并准确、安全、可靠地完成整机功能，如点火开关、变速手柄、离合器踏板及转向机构的方向盘等。控制部分包括机械控制、电气控制、液压控制和气压控制等。

概括来说，机器是执行机械运动的装置，不仅传递运动和动力，还能变换或传递能量、物料和信息。例如，内燃机（见图1-5）除运动外，还可将热能转换成机械能。

机器具有以下三个特征：

（1）机器是由多个构件组成的。

（2）各构件间具有确定的相对运动，能够实现预期的机械运动。

（3）机器能够完成有效的机械功或进行能量转换。

2. 机构的特征

机构是人为实物的组合，其各部分之间具有确定的相对运动。机构只具有机器的前两个特征，主要功用是传递运动或改变运动形式。在内燃机中，凸轮轴、挺柱和气门组组成配气机构，用凸轮的连续转动控制气门的开启与关闭。曲轴、连杆、活塞和气缸所组成的曲柄连杆机构可以把活塞的往复直线运动转变为曲轴的连续转动。由此可见，机器是由机构组成的，一部机器可以包含多个机构，也可以只包含一个机构，如电动机和鼓风机。

3. 构件、零件和部件

（1）构件：能做相对运动的物体。在内燃机中，活塞与气缸、活塞与连杆以及连杆与曲轴都能够作相对运动，它们都称为构件。构件可以是单一的整体，如图1-6所示的曲轴；也可以是几个零件组成的刚性连接，如内燃机的连杆就是由连杆体、连杆盖、螺栓等几个零件组成的。

图1-5　内燃机

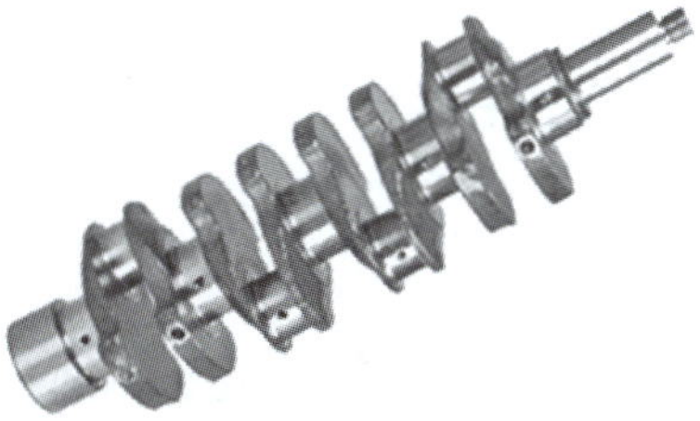

图1-6　曲轴

（2）零件：组成机器的不可拆的基本单元。零件分为两类：一类为通用零件，如弹簧、螺母、螺栓、齿轮等，如图1-7至图1-9所示；另一类为专用零件，只出现于某些特定机械中，如内燃机的活塞等。

图1-7　弹簧

图1-8　螺栓

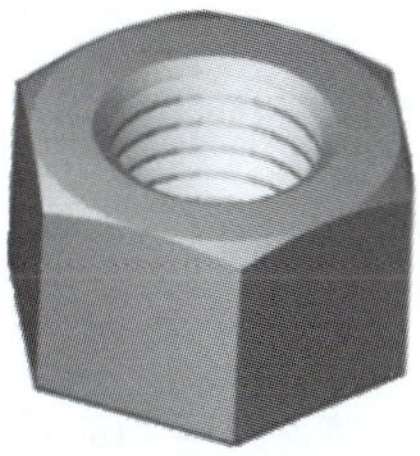

图1-9　螺母

（3）部件：为完成同一使命在结构上组合在一起（可拆或不可拆）并协同工作的零件，如图1-10所示的变速器等。

图1-10　变速器

机器的各组成部分随其用途不同而各异，但在不同的机器组成中一般均包括齿轮、带轮、凸轮、连杆、液压、气压等传动机构，轴、轴承、联轴器、离合器、键、螺栓、销和弹簧等零部件，还包括机械、电气等传动及控制元件和机构。它们在不同的机器中所起的作用和工作原理基本相同，是各种机器共同的重要组成部分。

任务评价

评价内容	分　值	评价细则	量化分值	得　分
信息收集和自主学习	20 分	明确任务	3 分	
		制订合适的学习计划	3 分	
		独立进行信息收集	3 分	
		充分利用现有的学习资源	3 分	
		使用不同的行为方式学习	4 分	
		排除学习干扰，能够自我监督与控制	4 分	
认识汽车总体结构	15 分	明确在本专业中汽车机械基础的重要性	5 分	
		能够识别汽车总体结构	10 分	
认识机器	20 分	明确机器的组成	10 分	
		明确机器的特征	10 分	
认识机构、构件和零件	30 分	明确机构、构件和零件的区别	15 分	
		能够辨认汽车各组成中的机构、构件和典型零件	15 分	
职业素养	15 分	学习态度	3 分	
		团队合作	3 分	
		责任意识	4 分	
		5S 管理意识	5 分	
总计	100 分			

思考与练习

认真观察汽车发动机、汽车变速器及汽车电器，识别各组成部分中哪些是机构、构件或零件，并举例说明。

任务二　认识汽车材料及应用

任务目标

1. 能够区分汽车上不同类型的材料；
2. 能够从汽车材料的角度，分析不同零件的主要性能。

任务描述

观察图1-11所示汽车上的零部件，分析它们的制作材料。

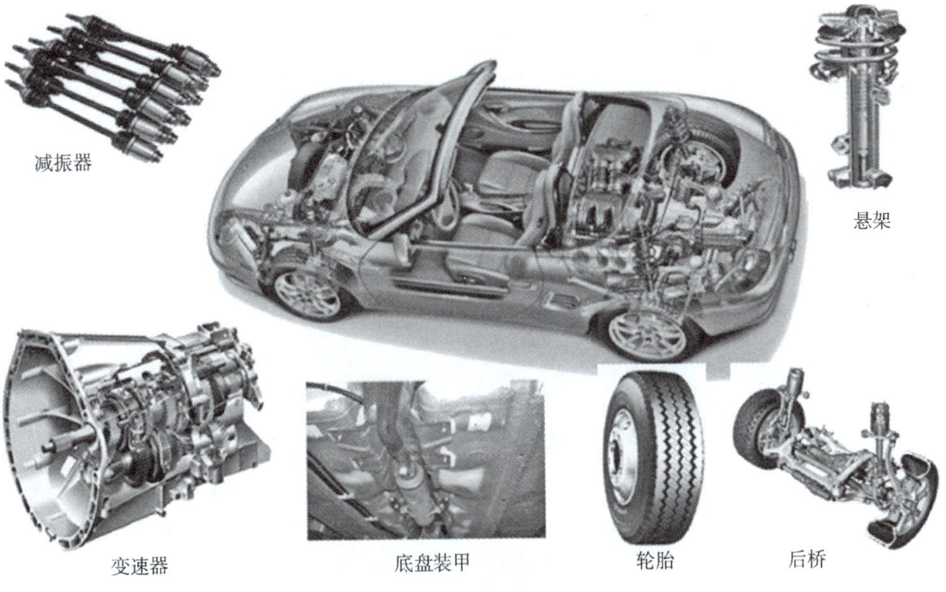

图1-11　汽车零部件

任务分析

不同的汽车零件由于使用工况不同，承受载荷的性质不同，对其性能的要求也就不同。只有了解材料的主要性能，才能在汽车零件设计、加工制造和维修养护的过程中，正确地选择和使用材料。

任务实现

汽车材料是汽车工业发展的重要基础之一。据统计，大多数汽车上的零部件会采用四千余种不同的材料进行加工制造。汽车材料包括了制造汽车及汽车在运行过程中所用到的材料，按照用途可分为汽车工程材料、汽车运行材料等，如图1-12所示。

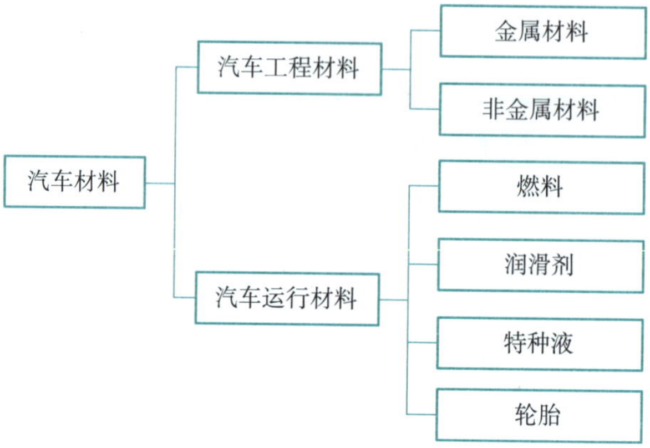

图1-12　汽车材料的分类

一、汽车工程材料

汽车工程材料是指用于制造汽车零部件及工具的材料，可分为金属材料和非金属材料两种。由于金属材料具有优良的性能，易于制成性能、形状都能满足使用的零件和工具，因此汽车工程材料主要以钢、铁等金属材料为主，其次为非金属材料。以现代轿车用材为例，钢占55%~60%，铸铁占5%~12%，有色金属占6%~10%，塑料占8%~12%，橡胶占4%，玻璃占3%，其他材料（如油漆、各种液体等）占6%~12%，如图1-13所示。

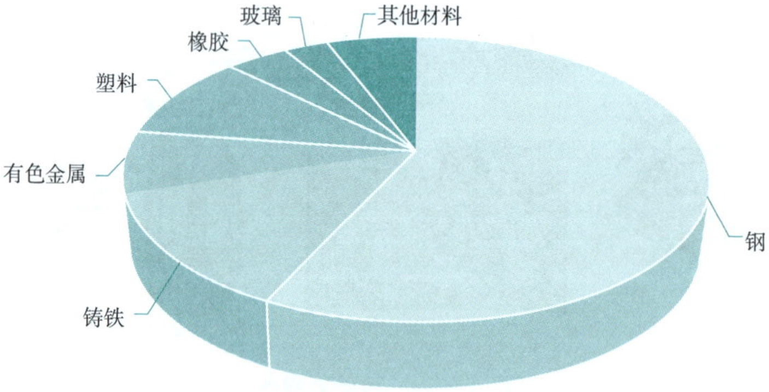

图1-13　汽车工程材料占汽车总质量的比例

1. 金属材料

1）汽车金属材料的基本性能

汽车金属材料的性能包括使用性能和工艺性能两方面。材料在使用过程中表现出的性能称为使用性能；在加工过程中表现出的性能称为工艺性能。汽车金属材料的性能分类如图1-14所示。

（1）材料的物理性能。指材料在物理方面的特性，主要技术指标有熔点、密度、导电性、导热性和热膨胀性，具体见表1-1。

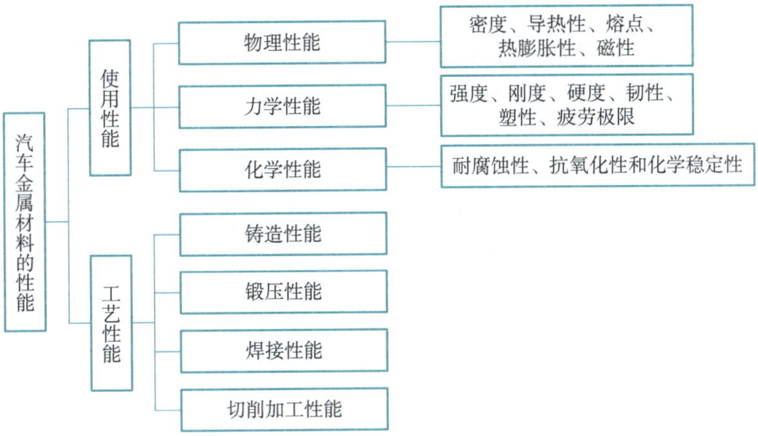

图1-14　汽车金属材料的性能分类

表1-1　材料的物理性能

技术指示	含　义	注　释
熔点/℃	金属或合金在加热过程中由固体熔化为液体的温度	钨的熔点很高，钨、钼可制造灯丝、加热元件等；铅、锡熔点低，可用于制造熔丝等
密度/（g/cm^3）	单位体积金属的质量	按密度的大小，金属可分为轻金属和重金属
导电性	金属能够传导电流的性能	银的导电性很好，其次是铜和铝。铜和铝常做导线
导热性	金属传导热的性能	银的导热性很好，其次是铜和铝。常用于制造轿车的热交换器和散热器中的零件
热膨胀性	金属在温度升高时体积胀大的现象	常温下可以不予考虑。但千分尺、块规等测量工具以及精密配合的零件对热膨胀有严格要求

（2）材料的化学性能。指金属材料在外部介质作用下表现出的性能，包括耐腐性、抗氧化性和化学稳定性。

（3）材料的力学性能。指金属材料在负荷作用下抵抗破坏的性能，又称机械性能。力学性能包括强度、塑性、硬度、冲击韧性、疲劳强度等。

①强度与塑性。强度与塑性是材料最重要的两个力学性能指标。强度是指金属材料抵抗塑性变形或断裂的能力；塑性是指金属材料在载荷作用下，在产生断裂前产生塑性变形（永久变形）的能力。通常采用拉伸实验测量材料的强度与塑性的性能指标。

②硬度。硬度是衡量材料软硬程度的力学性能指标，指材料抵抗局部变形，尤其是塑性变形、压痕或划痕的能力。常用的指标有布氏硬度（HB）、洛氏硬度（HRA、HRB、HRC）和维氏硬度（HV）等。

③疲劳强度。疲劳强度（又称疲劳极限）是指金属材料在无限多次交变载荷作用下而不被破坏的最大应力，如汽车上的曲轴、齿轮、弹簧等都是在交变载荷下工作的。疲劳失效具有隐蔽性和突发性，因此，对材料疲劳失效的预防是十分必要的。

④冲击韧性。冲击韧性是指金属在冲击载荷作用下抵抗破坏的能力。一些汽车零件如发动机的活塞、连杆等在工作过程中往往受到冲击载荷。冲击载荷的加速度大、作用时间短，导致材料在受到冲击时，应力分布和变形很不均匀，易产生损坏。

2）汽车金属材料的分类及应用

在工业中，一般把汽车金属材料分为黑色金属和有色金属两大部分，如图1-15所示。

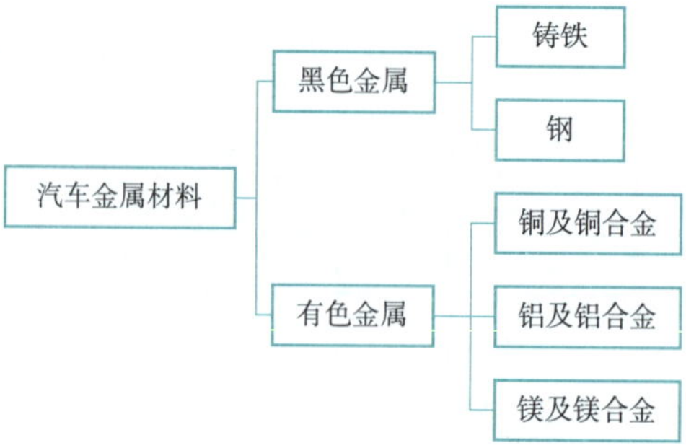

图1-15　汽车金属材料的分类

（1）黑色金属。黑色金属指铁、锰、铬及其合金。在汽车行业中应用最广泛的是钢铁材料，指以铁为主要元素、碳的质量分数（w_C）一般在4%以下且含有一些其他元素的铁碳合金。钢铁按照化学成分、品质和用途进行分类，如图1-16所示。

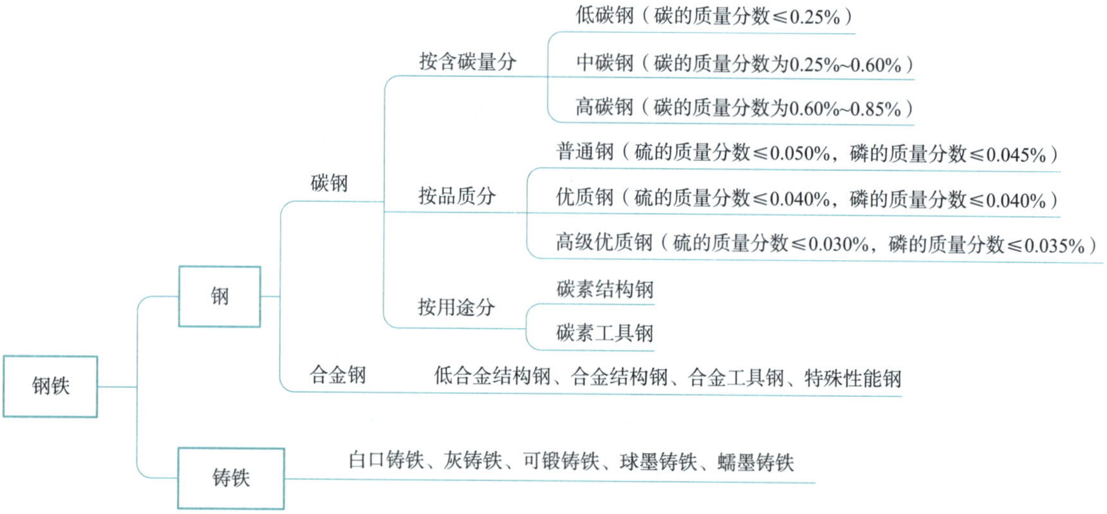

图1-16　钢铁的分类

①碳钢。碳钢指碳的质量分数小于2.11%的铁碳合金。其中，由于优质碳素结构钢中严格限制有害杂质元素磷、硫的含量，非金属夹杂质含量较少，塑性、韧性较好，且经过热处理，大大提高其力学性能，主要用于制作较重要的汽车机械零件。根据含碳量不同，优质碳素结构钢的用途有所不同，具体见表1-2。

②合金钢。为了改善碳钢的组织和性能，在碳钢的基础上有目的地加入一种或几种少量合金元素形成的铁基合金称为低合金钢或合金钢。通常加入的合金元素有硅、锰、铬、镍、钼、钨、钒、钛等。由于加入合金元素，合金钢的性能较碳钢好，提高了淬透性和综合力学性能，由合金钢制作的典型汽车零件如图1-17所示。在碳素结构钢的基础上加入合金元素而得到的钢称为合金结构钢。在汽车上应用比较广泛的是合金结构钢，根据性能不同，在汽车上的应用见表1-3。

表1-2　优质碳素结构钢的特点及用途

比较项	低　碳　钢	中　碳　钢	高　碳　钢
特点	强度低，塑性和韧性好，易于冲压加工	强度较高，塑性和韧性好，需经正火或调制后使用	经热处理后，可获得较高的弹性极限、足够的韧性和一定的强度
用途	 车门	 连杆	 弹簧垫片

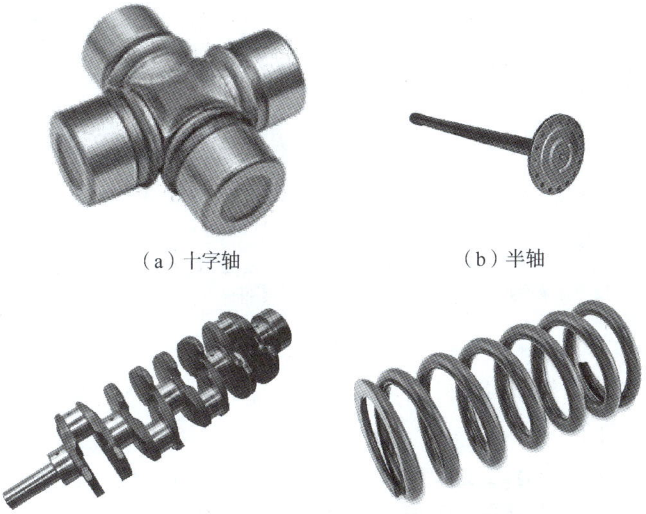

（a）十字轴　（b）半轴　（c）曲轴　（d）螺旋弹簧

图1-17　合金钢制作的典型汽车零件

表1-3　合金结构钢的性能及应用

分　类	性　能	钢的牌号	应　用
合金渗碳钢	适用于渗碳、淬火和低温回火的热处理方式的合金结构钢，主要的合金元素为Cr	20CrMnTi	要求表面耐磨、心部韧性好的零件
合金调质钢	在中碳钢的基础上加入一些合金元素，经调质处理后使用的钢	40Cr、40MnB、30CrMnTi、37CrNi3	制造载重载荷、受力复杂、需要较高综合力学性能的重要零件，如汽车后桥半轴、中间轴、曲轴等
合金弹簧钢	适合做弹簧的合金结构钢，要求应具有高弹性极限和疲劳强度及足够的韧性	42Si2Mn、60Si2Mn、55CrMnA、60CrMnA	各种螺旋弹簧和钢板弹簧
滚动轴承钢	必须具有高而均匀的硬度和耐磨性、高的接触疲劳强度、一定的塑性和足够的耐蚀性	GCr15	各种轴承

③铸铁。w_C为2.11%~6.69%的铁碳合金称为铸铁，具有良好的铸造性能、耐热、耐磨、减振性，且价格低廉。在汽车制造业中有着广泛应用，具体见表1-4。

表1-4　铸铁在汽车制造业中的应用

类　型	性　能	应　用	实　例
灰铸铁	抗压强度和硬度接近碳钢，减振性好，具有良好的铸造性	多用于制造气缸盖、气缸体、排气歧管、飞轮壳、变速器壳体等铸件	
可锻铸铁	其组织性能均匀，相对灰铸铁而言具有较高的塑性和强度，用于制造形状复杂、能承受强动载荷的零件	多用于制造轮毂、制动蹄、牵引钩、钢板弹簧等铸件	
球墨铸铁	抗拉强度、塑性和韧性大大超过灰铸铁，接近中碳钢	多用于制造后桥壳、差速器壳、减速器壳、飞轮等零件	

（2）有色金属。指除黑色金属以外的金属及其合金，如铝、铜、镁及其合金，它们大多是实现汽车轻量化的首选材料。

①铝合金。铝合金材料具有密度低、强度高和耐蚀性好等特性。目前国际上轿车所用铝合金占整车质量的5% ~ 10%。轻质铝合金不但已广泛应用于铸造发动机、底盘、各种壳体和车轮，而且广泛应用于车身零件，全铝合金车身及外板与全钢车身相比质量减轻45%。

②镁合金。镁合金是近年来兴起的仅次于铝合金的汽车轻量化材料。镁合金主要应用于离合器壳、变速器手柄、变速器壳、内饰罩板、座椅支架、凸轮轴盖等零件的制造。采用新型镁合金制造的凸轮轴盖、制动器等零部件，可以大大减小质量并降低噪声。

③铜及铜合金。纯铜呈紫红色，因此又称紫铜，具有良好的导电性、导热性、耐蚀性和塑性。纯铜易于进行热压和冷压力加工，但强度较低，不宜做结构材料。纯铜广泛应用于制造电线、电刷、电缆、发电机定子等。

在铜中添加Zn、Sn、Pb等合金元素，以改善铜的性能。如铜锌合金（又称黄铜）的铸造性和可加工性较好，可用于汽车油管接头以及散热器、变速器的同步齿环。铜锡合金（又称锡青铜）具有良好的强度、硬度、耐磨性和铸造性，适合铸造形状复杂、壁厚较大的零件，如活塞销衬套、转向器中的转向涡轮等。铜铅合金（又称无锡青铜）具有高强度、高耐磨性和耐蚀性，在汽车上常用于制造滑动轴承、轴瓦、止动垫圈。铜及其合金制造的典型汽车零部件，如图1-18所示。

出于提高效率、用电安全等方面的考虑，铜在新能源汽车上的应用日益广泛，如锂电铜箔、电磁扁线、高压线束、连接器等。

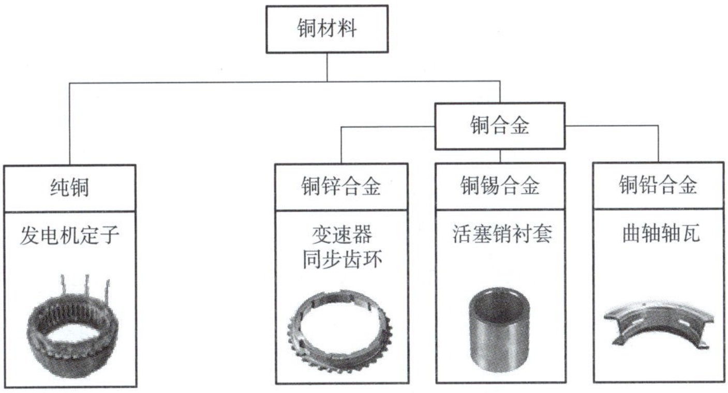

图1-18　铜及其合金制造的典型汽车零部件

2. 非金属材料

在汽车制造中，一直都以金属材料为主，但是随着汽车轻量化要求和对汽车零件特殊需求的日益增加，非金属材料在汽车上的应用越来越多，如图1-19所示。

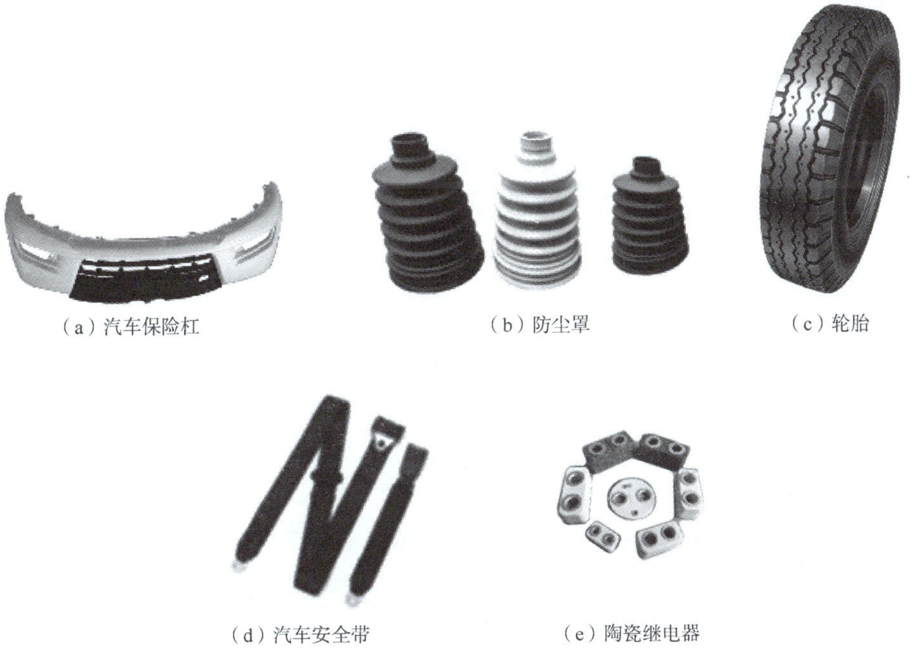

（a）汽车保险杠　（b）防尘罩　（c）轮胎

（d）汽车安全带　（e）陶瓷继电器

图1-19　非金属材料在汽车上的应用

工程上常用的非金属材料包括高分子材料、复合材料和陶瓷材料。

1）高分子材料

高分子材料属于有机合成材料，又称聚合物，可分为天然高分子材料（如蚕丝、羊毛、油脂、纤维素等）和人工合成高分子材料。后者因具有较高的强度、良好的塑性、较强的耐蚀性、很好的绝缘性和质量小等特点，在汽车工业上得到广泛应用。根据高分子材料的力学性能和使用状态，工程上一般将其划分为塑料、橡胶、合成纤维、黏合剂和涂料等种类。

塑料一般以合成树脂（高聚物）为基础，加入各种添加剂制成。具有质量小、耐蚀、降噪、绝缘、美观等特点。目前汽车上许多构件（如汽车保险杠、汽车内饰件、高档车用安全玻璃、仪表面板等）均采用工程塑料制造，比用钢铁材料更具有安全性，并可降低造价，较大地改善了汽车的安全性、舒适性和经济性。汽车的坐垫、安全带等多数是由合成纤维制造的，如常见的尼龙、聚酯等。橡胶则通常用于制造汽车的轮胎、防振橡胶、软管、密封带等零部件。各种黏合剂起到黏结、密封和防松等作用，可以简化制造工艺。各种车用涂料对车身的防锈、美化及提升商品价值有着不可忽视的作用。

2）复合材料

复合材料是指由两种或两种以上的不同材料以微观或宏观的形式组合而成的材料。复合材料可以克服或改善单一材料的弱点，并充分发挥各自优点，能得到单一材料不易具备的性能和功能。具有强度高、质量小、比模量高、抗疲劳性能好及减振性能好等优点。

按基体材料的种类区分，复合材料可分为非金属基复合材料和金属基复合材料两大类。汽车车顶导流板、风窗框等车身外装板件，采用纤维增强复合材料（FRP）制造，具有质量小、耐冲击、便于加工异形面、美观等优点；汽车柴油发动机的活塞顶、连杆、气缸体等零件，则采用纤维增强金属（FRM）制造，可显著提高零件的耐磨性、热传导性和耐热性，并减小热膨胀。

3）陶瓷材料

陶瓷材料是以天然或人工合成的各种化合物为基本材料，通过对原料进行处理、成型、干燥、高温烧结而成的一种无机非金属固体材料。陶瓷材料具有耐高温、耐蚀、硬度高、脆性大、绝缘性较好等特点。典型的工业用陶瓷材料分为普通陶瓷和特种陶瓷。

普通陶瓷多应用于火花塞、绝缘垫片。特种陶瓷一般被用于制作各种传感器，其中用于爆震传感器、氧传感器、温度传感器等部件时为功能陶瓷；用于替代金属材料制作发动机、制动盘和气体涡轮部件时为结构陶瓷，可以达到提高热效率、降低能耗、减轻自重的目的。

二、汽车运行材料

汽车运行材料是指汽车在运行过程中所消耗的材料，包括燃料、润滑油、工作液和轮胎等，这些材料大多属于石油产品。据统计，全球石油产品的46%被汽车及相关工业所消耗。汽车运行材料的分类如图1-20所示。

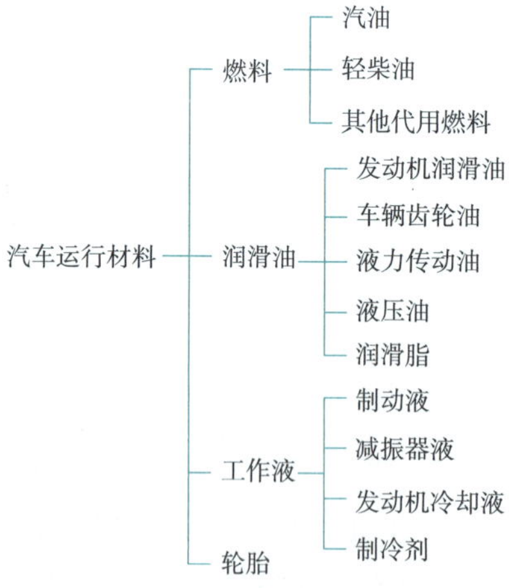

△图1-20　汽车运行材料的分类

1）燃料

燃料通常指能够将自身储存的化学能通过化学反应（燃烧）转变为热能的物质。汽车燃料主要指汽油和轻柴油。

汽油作为点燃式发动机（汽油机）的主要燃料，是从石油中提炼出来的，密度小、易于挥发。汽油的使用性能主要有蒸发性、抗爆性、化学安定性、腐蚀性和清洁性。

轻柴油（简称柴油）是车用高速柴油机的燃料。与汽油相比，轻柴油的密度较大，易自燃。由于柴油机与汽油机的工作方式不同，对于柴油，主要从低温流动性、燃烧性、蒸发性、黏度、腐蚀性和清洁性等方面要求其使用性能。

在全球气候变暖、温室气体减排的背景下，低碳环保的清洁能源逐渐成为未来的汽车主流能源之一。目前，较普遍使用的汽车清洁代用燃料有天然气、液化石油气、氢、太阳能、醇类、醚类和合成燃料等。这些清洁能源更容易与空气混合、燃烧，其尾气排放中的CO、HC、CO_2等污染比汽油、柴油低得多。同时，人们还利用无污染的太阳能、电能驱动汽车。

2）润滑油

润滑油主要包括发动机润滑油、汽车齿轮油和润滑脂、液力传动油、液压油等。

发动机润滑油俗称发动机机油，主要功用是在发动机摩擦件间进行润滑减磨，辅助冷却降温、密封防漏、防锈防蚀和减振缓冲。

车辆齿轮油是用于变速器、后桥齿轮传动机构及传动器等传动装置机件摩擦处的润滑油。起到散热、润滑和清洁的作用，对保证齿轮装置正常传动和提高齿轮寿命十分重要。

润滑脂是固体或半流体润滑剂，具有润滑、保护和密封的作用，主要适用于汽车轮毂轴承和汽车底盘各连接点。

3）工作液

制动液、减振器液、发动机冷却液及制冷剂等，统称为汽车用工作液。

制动液是汽车液压制动系统中传递压力的工作介质，是液压油中的一个特殊品种。减振器液是汽车减振器的工作介质，它利用液体流动通过节流阀时产生的阻力起到减振作用。冷却液又称防冻液，是发动机冷却系统的工作介质，除了具有冷却作用，还具有防冻、防腐、防锈、防垢和防沸等功能，可以有效地保护散热器，改善散热效果，提高发动机效率，保障汽车安全行驶。制冷剂是汽车空调制冷系统的工作介质，在制冷系统中不断循环并通过其本身的状态变化实现制冷的目的。

任务评价

评价内容	分　值	评价细则	量化分值	得　分
信息收集和自主学习	20 分	明确任务	3 分	
		制订合适的学习计划	3 分	
		独立进行信息收集	3 分	
		充分利用现有的学习资源	3 分	
		使用不同的行为方式学习	4 分	
		排除学习干扰，能够自我监督与控制	4 分	
认识钢和铸铁	16 分	能够分清汽车上不同类型的钢和铸铁	6 分	
		能够分析不同类型钢和铸铁制造的汽车零件的主要性能	10 分	
认识铜、铝及其合金	16 分	能够分清汽车上不同类型的铜、铝及其合金	6 分	
		能够分析不同类型的铜、铝及其合金制造的汽车零件的主要性能	10 分	
认识非金属材料	16 分	明确不同类型非金属材料的性能	6 分	
		能够分析使用不同非金属材料制造的汽车零件的主要性能	10 分	
认识汽车运行材料	17 分	明确汽车运行材料的种类	6 分	
		能够分析不同汽车运行材料的性能	11 分	
职业素养	15 分	学习态度	3 分	
		团队合作	3 分	
		责任意识	4 分	
		5S 管理意识	5 分	
总计	100 分			

思考与练习

1. 为下列汽车零件选择合适材料：

（1）后视镜支架；

（2）气门推杆；

（3）曲轴；

（4）变速齿轮；

（5）气缸体；

（6）钢板弹簧。

2. 根据汽车使用的不同地域，推荐合适的机油型号。

单元二 汽车动力装置机构

汽车上有实现不同功能的动力装置机构，它们的动力通常来源于发动机、电动机或其他形式的动力装置。例如，汽车行驶的动力来源于发动机，发动机通过配气机构、曲柄连杆机构将燃料的化学能转变为机械能，达到能量转换的目的；汽车刮水器的动力来自电动机，通过四连杆机构把连续的旋转运动转换为左右摆动的运动，达到清洁风窗玻璃的目的。

学习目标

1. 熟悉相关国家标准和规范；
2. 掌握绘制平面机构运动简图的方法和步骤；
3. 了解汽车动力装置平面机构的类型、运动特性及应用；
4. 了解凸轮机构的组成、类型及特点；
5. 了解凸轮机构的参数及运动过程；
6. 了解带传动、链传动的类型和特点；
7. 了解带传动、链传动在汽车中的应用；
8. 培养学生绘制和识读运动简图的能力，提升学生的科学素养以及分析问题、解决问题的能力。

任务一 绘制平面机构运动简图

视 频

平面运动简图的绘制

任务目标

1. 能够运用平面机构和运动副的概念分析汽车对应的机构；
2. 能够运用相关国家标准和规范，绘制汽车常用平面机构的运动简图。

任务描述

某轿车在暴雨中急驶，突然听到“轰”的一声，发动机熄火。送到维修厂，技术人员根据车主自述，初步判断为发动机发生机械故障，然后进行拆检：拆下火花塞，火花塞孔溢水；敲击消声器，有溢水，判断为发动机进水事故。剖检发动机，发现一缸活塞变形，缸壁被捣穿，连杆挤弯变形，如图2-1所示。为了分析故障机理，请绘制曲柄连杆机构运动简图。

图2-1 变形的连杆

任务分析

在车辆维修故障分析等实际工作中，需要判断传动机构的故障与哪些结构、运动等因素有关。但由于实际构件的外形和结构往往很复杂，在分析时可以用简单线条和规定的符号绘制出图形，简明地表达机构的传动原理，以便进行方案讨论和运动、受力分析。

任务实现

一、平面机构的组成与相关概念

机构由具有确定相对运动的构件组合而成，是机构的运动单元，在机构中具有独立运动特征。在组成机构的所有构件中，必须以一个相对固定的构件作为支撑，以便安装其他活动构件，该构件称为机架，如发动机的气缸体。一般取机架作为研究机构运动的静参考系。在活动构件中，已知运动规律的构件称为原动件（主动件），其他活动构件称为从动件。

机构运动时，若所有构件都在相互平行的平面内运动，则该机构称为平面机构，否则称为空间机构。一般机械中的机构大多属于平面机构。

二、运动副的分类及相关概念

在机构中，各构件之间必须以一定的方式进行连接。若两个构件之间既相互直接接触，又具有一定的相对运动，形成的可动连接称为运动副，如轴与轴承的连接、活塞与气缸的连接等都构成运动副。

机构中各个构件之间的运动和力的传递，都是通过运动副实现的。因此，机构也是由运动副连接而成的具有确定相对运动的构件系统。两构件组成运动副时，构件上能参与接触的形式有：点、线和面。根据运动副中两构件的接触形式不同，运动副可分为低副和高副两类。

（1）低副。凡是通过面接触而构成的运动副都称为低副。根据组成低副的两构件之间相对运动的性质，低副可分为两类：若组成运动副两构件间的相对运动为转动，则称这种运动副为转动副，又称铰链，如图2-2所示；若组成运动副两构件间的相对运动为移动，则称这种运动副为移动副，如图2-3所示。

（2）高副。凡是通过点或线接触而构成的运动副都称为高副。组成高副的两构件间的相对运动为转动兼移动。图2-4所示凸轮与从动件、齿轮1与齿轮2分别在接触处组成高副。图2-5所示为球副和螺旋副，两构件之间作相对空间运动，称为空间运动副。

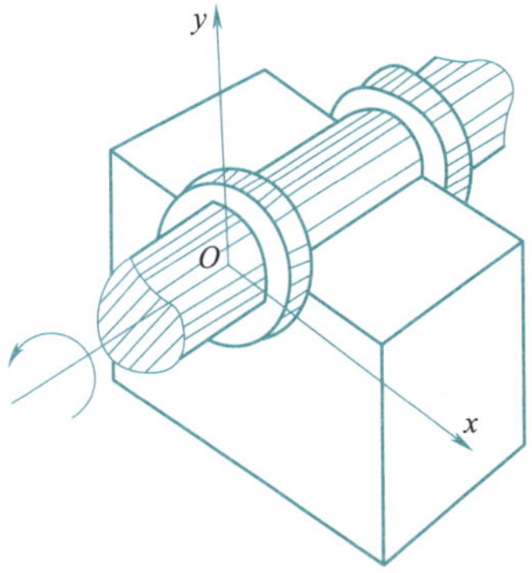

图2-2　转动副

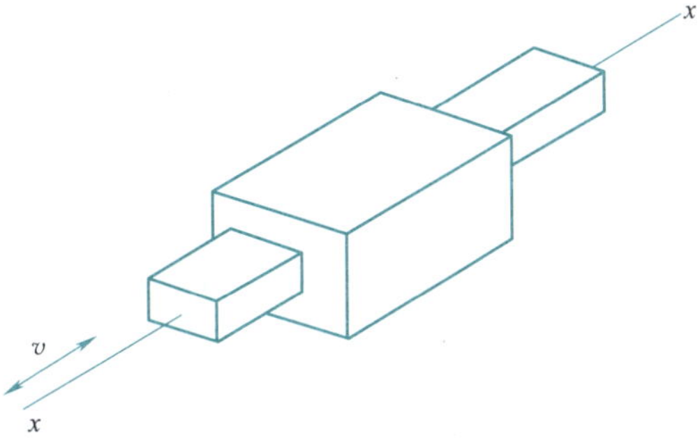

图2-3　移动副

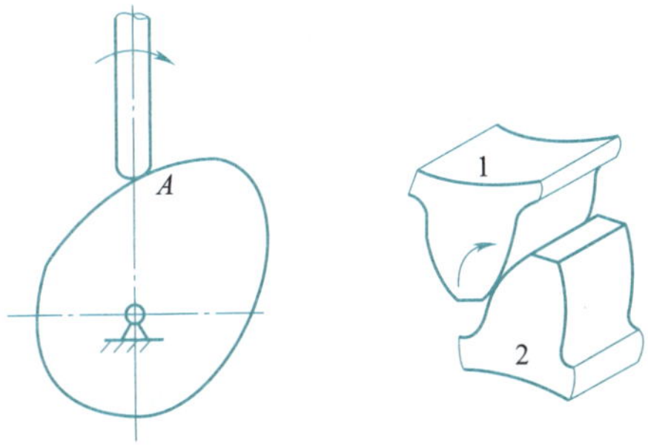

（a）凸轮副　（b）齿轮副

图2-4　平面高副机构

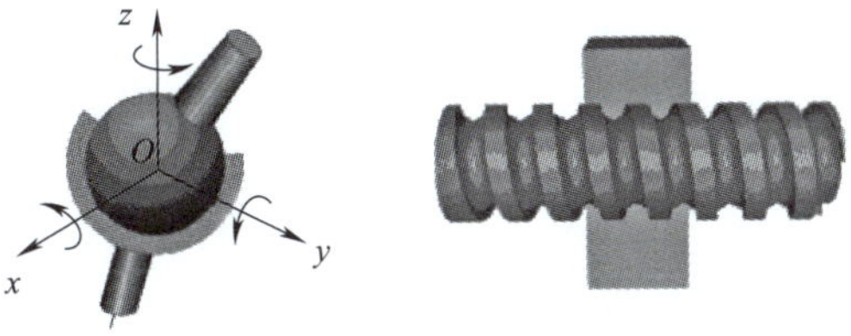

（a）球副　（b）螺旋副

图2-5　空间运动副

三、平面机构运动简图及其绘制方法

由于机构的运动仅与机构中运动副的性质（低副或高副）、运动副的数目及相对位置（转动副中心、移动副的中心线、高副接触点的位置）、构件数目等有关，而与构件的外形、运动副的具体构造无关。因此，为简化问题、便于研究，常常可不考虑与运动无关的因素，而用规定的符号及线条，按一定的长度比例尺确定运动副的位置，绘制出表示机构运动特性的简图，称为机构运动简图。常用机构运动简图符号见表2-1。

表2-1　常用机构运动简图符号

名　称		简图符号	名　称		简图符号
构件	轴、杆		机架	基本符号	
	三副构件	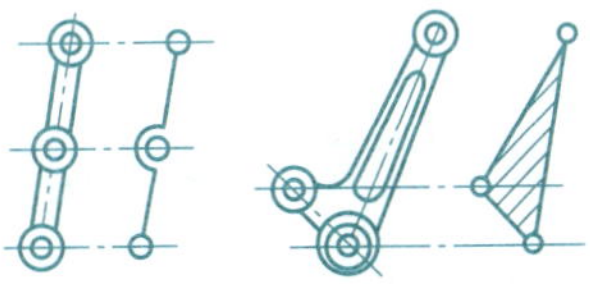		机架是转动副的一部分	

续表

名称		简图符号	名称		简图符号
构件	构件的固定连接	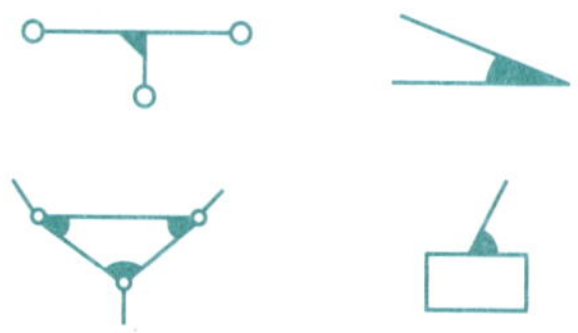	机架	机架是移动副的一部分	
平面低副	转动副	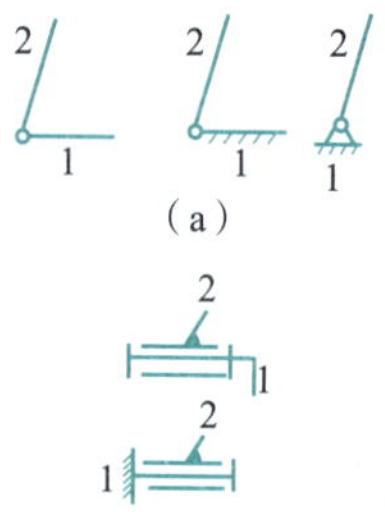	平面高副	圆柱齿轮副外啮合	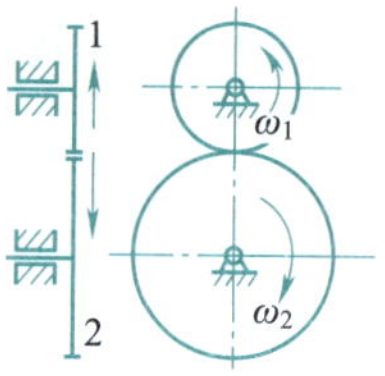
				圆柱齿轮副内啮合	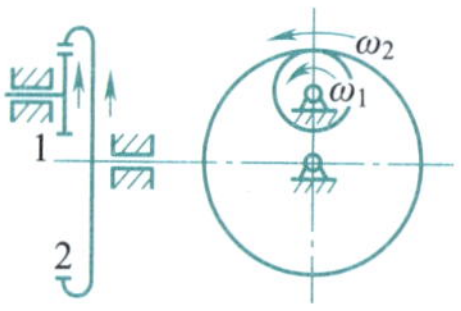
	移动副			凸轮副	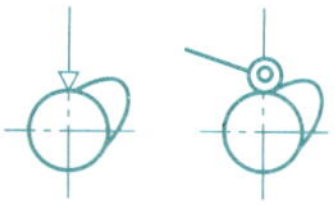

以汽车发动机曲柄连杆机构为例，进行机构运动简图的绘制方法和步骤介绍，具体如下：

（1）分析机构的组成和运动情况。分析机构的结构和运动传递情况，找出机架、主动件和从动件。从主动件开始，沿传动路线分析各构件的相对运动情况，确定运动关系。

图2-6所示为汽车单缸四冲程内燃机，由气缸体、活塞销、活塞、连杆、曲柄和轴承组成。当燃气推动活塞作直线往复运动时，经连杆使曲轴作连续转动。这样把活塞的直线运动转换为曲轴的旋转运动，将燃气的热能转换为曲轴转动的机械能，由此组成曲柄滑块机构。

（2）确定构件数目、运动副的类型和数目。计算构件数目，分析构件间的连接关系，确定运动副的类型和数目。根据机构的运动情况可知，气缸体与内燃机机体可视为固定连接，故为机架，活塞为主动件，其余的构件为从动件。该机构共有三个转动副：活塞与连杆、连杆与曲轴、曲轴与机体之间的连接；一个移动副：活塞与气缸体之间的连接。

（3）选择能清楚地表达各构件间运动关系的视图平面。

（4）选择比例尺，绘制机构运动简图。选择适当的比例尺，定出各运动副之间的相对位置，并用简单的线条和规定符号画出机构运动简图，如图2-7所示。

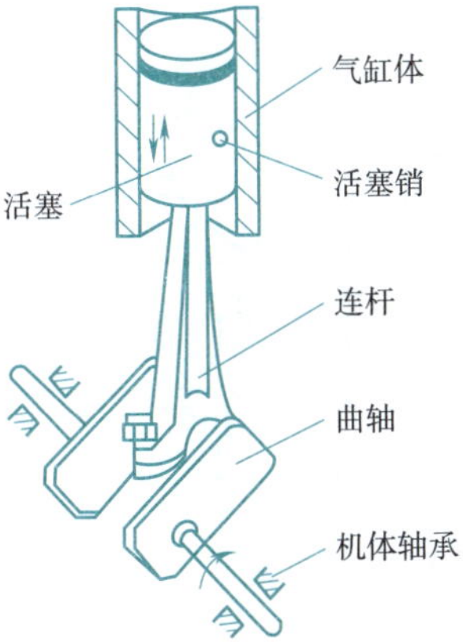

图2-6　汽车发动机的曲柄连杆机构工作过程

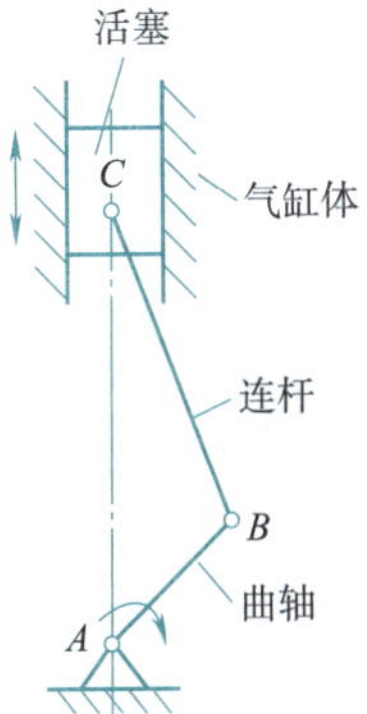

图2-7　汽车曲柄连杆机构的运动简图

任务评价

评价内容	分　值	评价细则	量化分值	得　分
信息收集和自主学习	20 分	明确任务	3 分	
		制订合适的学习计划	3 分	
		独立进行信息收集	3 分	
		充分利用现有的学习资源	3 分	
		使用不同的行为方式学习	4 分	
		排除学习干扰，能够自我监督与控制	4 分	
认识平面机构	30 分	明确平面机构的定义和平面机构运动简图的应用场景	5 分	
		能够区分运动副中的低副、高副	10 分	
		能够绘制常用的机构运动简图符号	15 分	
平面机构运动简图	40 分	能够识读平面机构运动简图	15 分	
		能够描述绘制机构运动简图的步骤	10 分	
		能够绘制平面机构运动简图	15 分	
职业素养	10 分	学习态度	3 分	
		团队合作	3 分	
		5S 管理意识	4 分	
总计	100 分			

思考与练习

认真观察自卸汽车翻斗机构的工作过程（见图2-8），绘制机构运动简图。

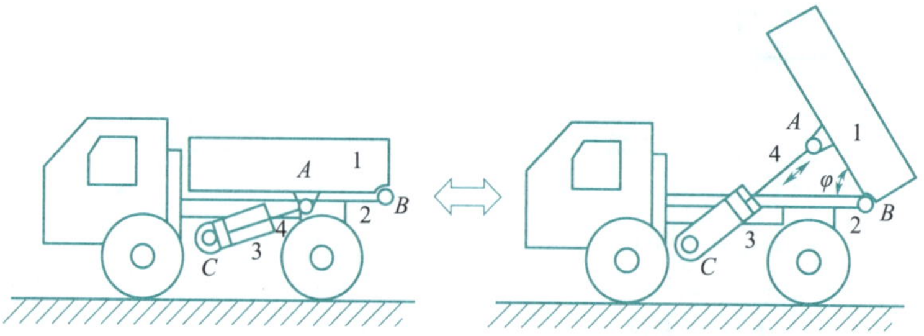

1—车厢；2—车架；3—液压缸；4—活塞杆。

图2-8　自卸汽车的翻斗机构

任务二　认识汽车平面四杆机构及应用

视　频

认识汽车平面四杆机构及应用

任务目标

1. 能够分清不同平面四杆机构的类型并明确其特点；
2. 明确平面四杆机构的基本特性；
3. 明确平面四杆机构在汽车上的应用。

任务描述

观察图2-9所示汽车前风窗玻璃刮水器及其传动机构工作过程，分析汽车刮水器是如何将雨水刮干净的。

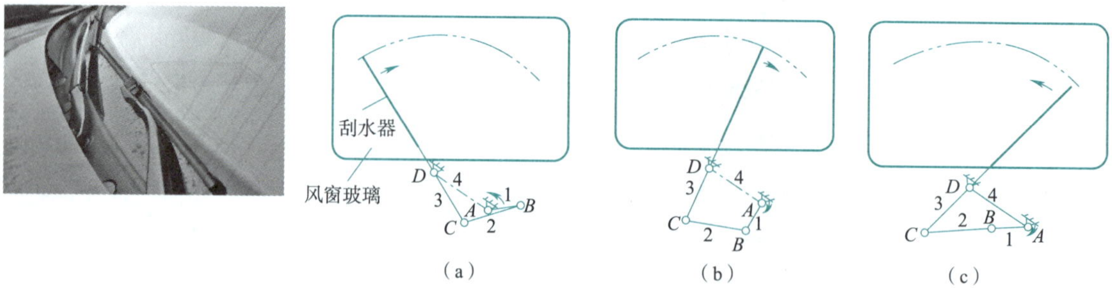

图2-9　汽车前风窗玻璃刮水器及其传动机构工作过程

任务分析

汽车前风窗玻璃刮水器传动机构是由机架杆4和三个活动构件杆1、2、3通过四个转动副A、B、C、D连接组成的平面四杆机构，当杆1在电动机的带动下绕A旋转时，刮水器则能在杆3的带动下持续往复摆动，实现对风窗玻璃表面的擦拭。

任务实现

平面连杆机构是由一些刚性构件采用低副（转动副或移动副）连接组成的平面机构。其中最简单的是由四个构件组成的平面四杆机构，它广泛应用于汽车和其他各种机械、仪表及操纵机构中，如汽车发动机中的活塞-连杆机构、汽车前轮的转向机构和刮水器等。四杆机构根据是否含有移动副，可分为铰链四杆机构和滑块四杆机构两大类。

一、铰链四杆机构

全部用转动副相连的平面四杆机构称为平面铰链四杆机构，简称铰链四杆机构，如图2-10所示。

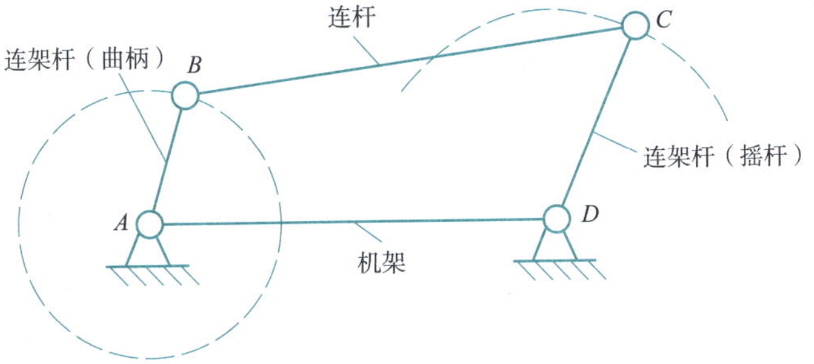

图2-10　铰链四杆机构

其中，固定构件杆*AD*不动称为机架，不与机架直接连接的杆*BC*称为连杆，与机架用转动副相连接的杆*AB*和杆*CD*称为连架杆。

当铰链四杆机构中的杆*AB*（或杆*CD*）能绕铰链*A*（或*D*）作整周连续旋转时，此杆称为曲柄；如果只能在小于360° 的某一角度内摆动，则此杆称为摇杆。

因此，按两连架杆运动形式的不同，铰链四杆机构分为三种基本形式，即曲柄摇杆机构、双曲柄机构和双摇杆机构。

（1）曲柄摇杆机构。在铰链四杆机构中，若两个连架杆中一个为曲柄，另一个为摇杆，则称该机构为曲柄摇杆机构。通常曲柄为原动件，并作匀速转动；而摇杆为从动件，作变速往复摆动，如图2-10所示。

（2）双曲柄机构。在铰链四杆机构中，若两连架杆均为曲柄，称为双曲柄机构。双曲柄机构的运动特点是：当主动曲柄作匀速转动时，从动曲柄作周期性的变速转动，以满足机器的工作要求，如图2-11所示。若取曲柄*AB*作为主动件，顺时针回转180° 到AB_1位置时，从动曲柄*CD*顺时针回转到C_1D，转过角度φ_1；主动曲柄*AB*继续回转180°，从动曲柄*CD*转过角度φ_2。

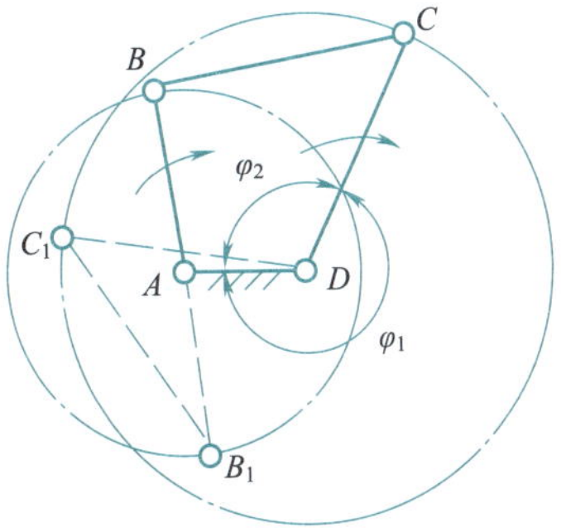

图2-11　双曲柄机构

图2-12所示为机车车轮联动机构，相对的两杆长度分别相等时，两曲柄的转向相同且角速度相等，连杆作平动，称为平行双曲柄机构。图2-13所示为车门启闭机构，两曲柄长度相等，但转向相反且角速度不等，称为反平行双曲柄机构，当主动曲柄1转动时，从动曲柄3作相反方向转动，从而使两扇门同时开启或关闭。

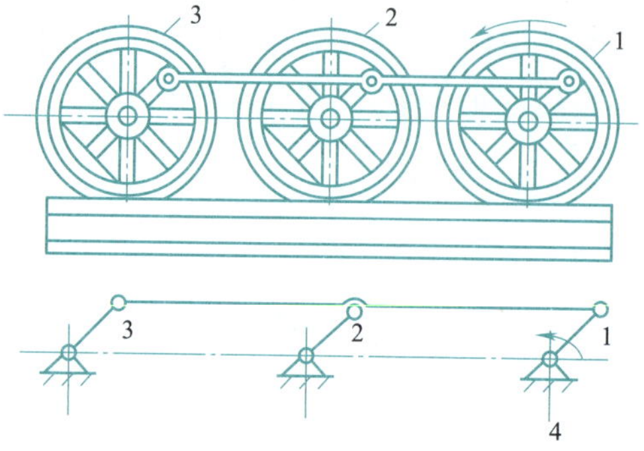

图2-12　机车车轮联动机构

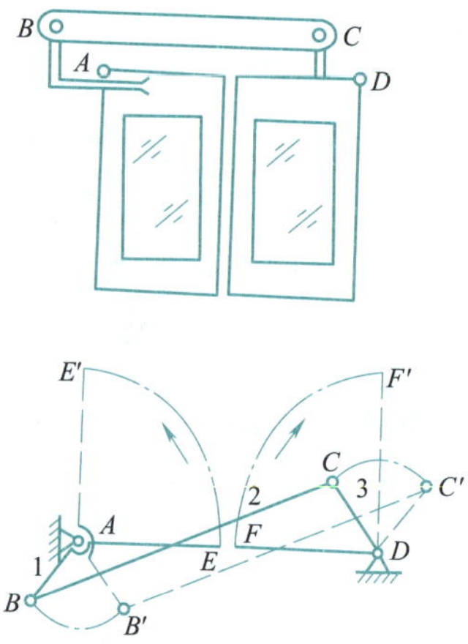

图2-13　车门启闭机构

（3）双摇杆机构。在铰链四杆机构中，若两个连架杆均为摇杆，称为双摇杆机构，如图2-14所示。汽车前轮转向机构就是双摇杆机构在汽车上的应用，这是一种具有等长摇杆的机构，又称等腰梯形机，如图2-15所示。

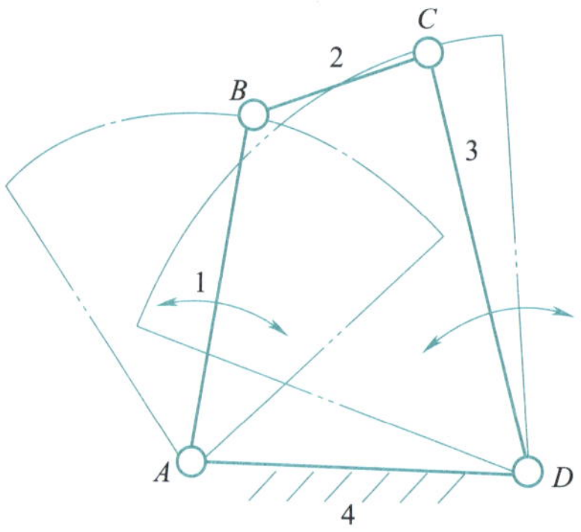

图2-14　双摇杆机构

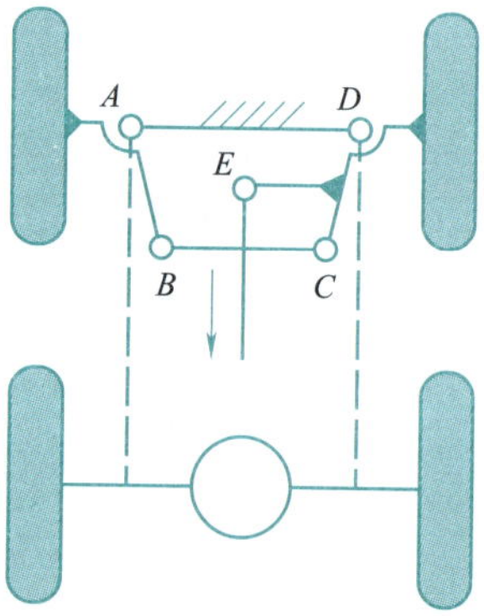

图2-15　汽车前轮转向机构

二、铰链四杆机构类型的判别

铰链四杆机构作为平面机构，其三种基本形式的主要区别在于连架杆是否为曲柄，而曲柄是否存在，则取决于机构中各构件的相对长度及最短杆所处的位置。根据运动分析可知：

（1）根据三角形两边之和大于第三边，最短杆的长度l_{min}与最长杆的长度l_{max}之和小于或等于其他两杆件长度l'、l之和时，若最短杆为连架杆，该机构一定是曲柄摇杆机构（见图2-10）；若最短杆为机架，该机构一定是双曲柄机构（见图2-11）；若最短杆为连杆，该机构一定是双摇杆机构（见图2-14）。

（2）当最短杆与最长杆的长度之和大于其他两杆件长度之和时，则不论取哪一个构件为机架，都无曲柄存在，机构只能是双摇杆机构。

判断四杆机构类型的思路如图2-16所示。

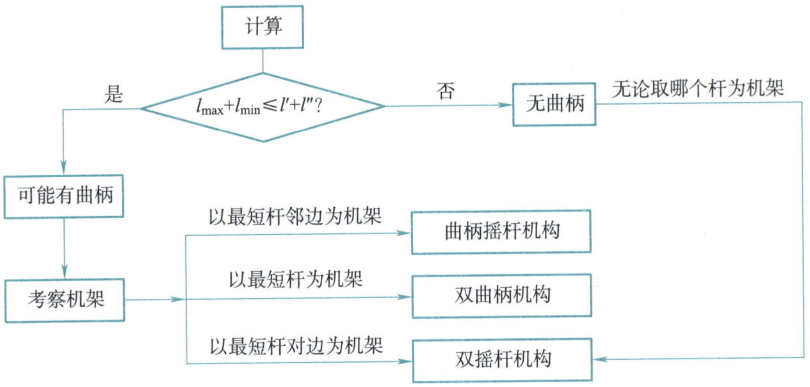

图2-16　四杆机构类型判断

三、铰链四杆机构的演变形式

铰链四杆机构通过以移动副取代转动副、变更杆件长度、变更固定构件和扩大转动副等途径可以演变为多种机构，如曲柄滑块机构、导杆机构、摇块机构、定块机构及偏心轮机构等。

1. 曲柄滑块机构

图2-17所示为曲柄滑块机构的演化过程。其中，图2-17（c）中e为曲柄回转中心至直槽中心线的垂直距离，称为偏心距。当e=0时，则为对心曲柄滑块机构，如图2-18所示。因此，可以看出曲柄滑块机构是由曲柄摇杆机构演化而来的，广泛应用于汽车发动机、空气压缩机、冲床等机械中。

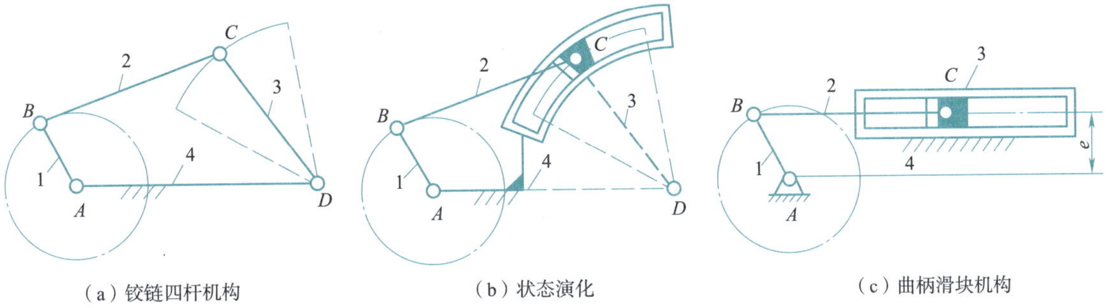

图2-17　曲柄滑块机构的演化过程

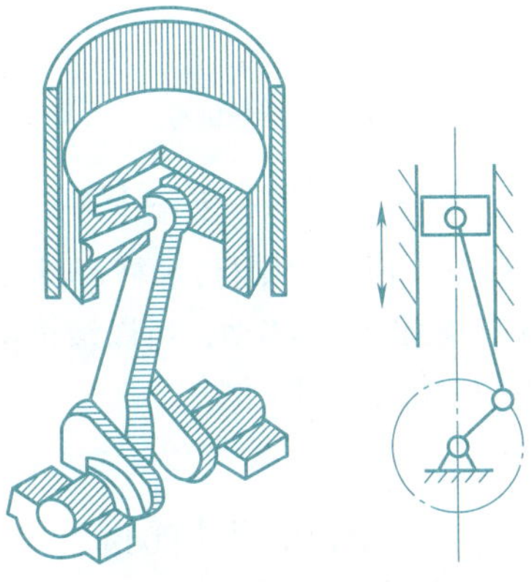

图2-18　对心曲柄滑块机构

2. 导杆机构

当改变曲柄滑块机构中的固定构件时，可得到各种形式的导杆构件（见图2-19）。如图2-19（b）所示，当AB为机架且$l_1<l_2$时，杆2、4就成为连架杆，分别以A、B两点为回转中心作整周转动，而滑块3则以杆4为导杆并沿其作相对移动，此时称为转动导杆机构；当AB为机架且$l_1<l_2$时，杆4只能往复摆动，此时称为摆动导杆机构，可用于牛头刨床、插床和回转式液压泵。

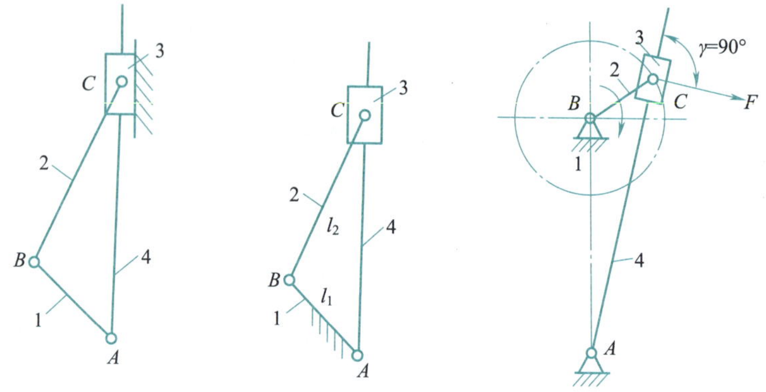

图2-19 导杆机构

3. 摇块机构和定块机构

如图2-20（b）所示，若改选杆2为机架，则杆1和滑块3与机架相连，此时滑块3将以C点为回转中心作摆动运动，此时称为曲柄摇块机构，这种机构常用于摆动液压泵和液压驱动装置中，如自卸汽车的翻斗机构。

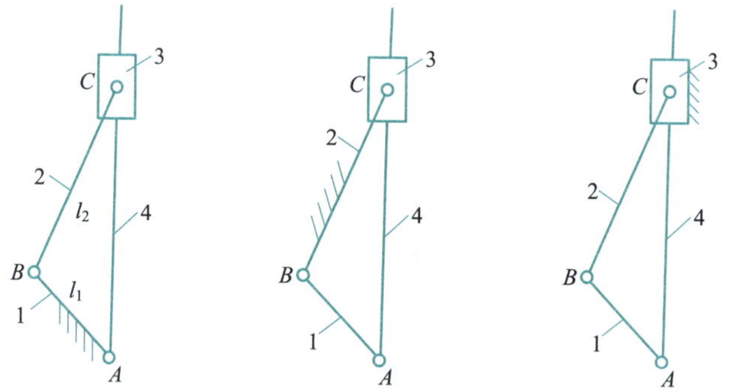

图2-20 摇块机构和定块机构

若改选滑块3为机架，如图2-20（c）所示，则杆2和杆4与机架相连，以杆1为主动件，此时杆2将以C点为中心转动，杆4则沿着滑块3作往复移动，所以该机构称为直动导杆机构或定块机构。图2-21所示的手动压水机是直动导杆机构的应用实例。

4. 偏心轮机构

在曲柄滑块机构[见图2-19（a）]中，当杆1的尺寸较小时，为了符合结构和强度的需要，常将杆1做成一个几何中心B与其回转中心A不重合的偏心轮，这种机构称为偏心轮机构。回转中心A与几何中心B之间的距离e为偏心距，即曲柄长度，如图2-22所示。偏心轮广泛应用于剪板机、压力机、内燃机、颚式破碎机等机械设备中。

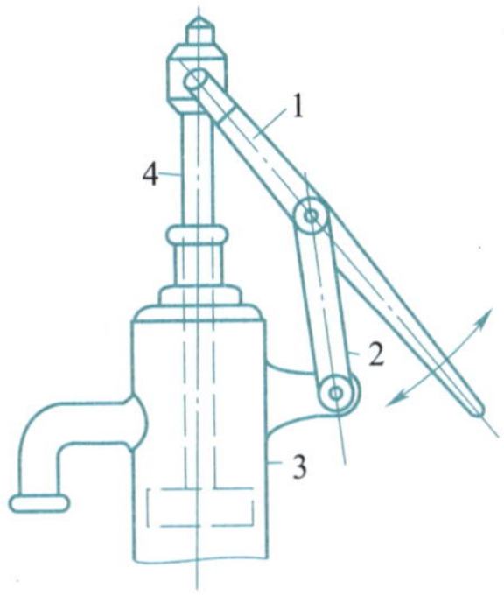

图2-21　手动压水机

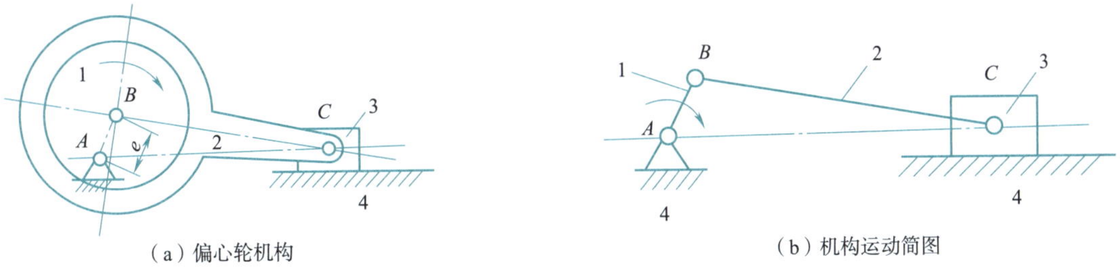

图2-22　偏心轮机构及其机构运动简图

四、四杆机构的基本特性

1. 急回运动特性

图2-23所示为一曲柄摇杆机构，当曲柄AB为原动件并作等速回转时，摇杆CD为从动件并作往复摆动。当曲柄以等角速度顺时针方向由位置AB_1转到AB_2位置时，转角为φ_1=180°+θ，摇杆由C_1D位置摆到C_2D；当曲柄继续顺时针由AB_2转到AB_1时，转角为φ_2=180°−θ，此时摇杆由C_2D摆回C_1D。当曲柄等速转动时，摇杆来回摆动的速度不等，返回时速度较大，这种性质称为机构的急回运动特性。汽车风窗玻璃刮水器传动机构就是急回运动特性的应用实例。此外，插床、齿机、刨床、搓丝机等机械也常利用机构的急回运动特性缩短空回行程的时间，以提高劳动生产效率。

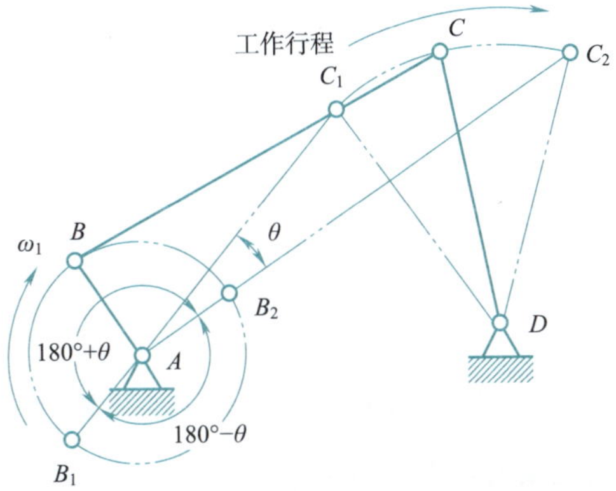

图2-23　曲柄摇杆机构的急回运动特性

2. 压力角和传动角

在实际生产中，不仅要求平面机构能实现预定的运动规律，而且希望其运转轻便、效率高。如图2-24所示，当铰链四杆机构运动时，原动件*AB*通过连杆*BC*作用于从动件*CD*上的力*F*沿连杆*BC*的方向，力*F*的方向线与力作用点*C*的速度v_c方向线之间所夹的锐角称为压力角，用α表示机构在运转过程中，α角是不断变化的。

压力角的余角γ称为传动角，经常用传动角γ衡量机构的传动质量，压力角越小，传动角越大，机构传力性能越好；压力角越大，传动角越小，机构传力越困难，传动效率越低。

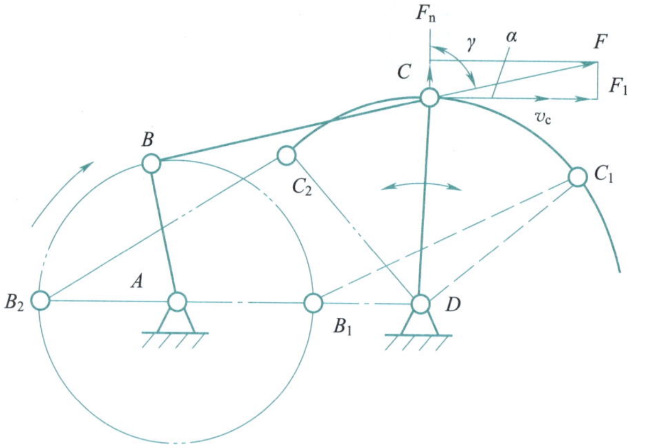

图2-24　压力角和传动角

3. 死点位置

如图2-25所示，在曲柄摇杆机构中，若摇杆为主动件、曲柄为从动件，则当摇杆摆动到极限位置C_1D或C_2D时，连杆与从动件曲柄共线，不论连杆上的力*F*多大，曲柄都不能转动，机构所处的这种位置，称为死点位置。

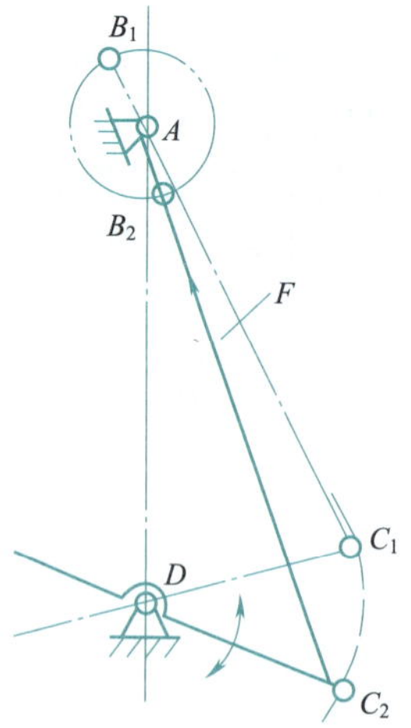

图2-25　曲柄摇杆机构的死点位置

死点位置有时会成为机构运动的阻碍，影响设备的正常工作，工程中常用的解决办法是利用构件的惯性使机构通过死点位置。在发动机曲柄连杆机构中，当活塞处于最上或最下位置，曲柄与连杆处于同一直线，作用力通过曲轴的回转中心时，机构处于死点位置，分别称活塞处为“上止点”和“下止点”，在曲轴上安装飞轮，利用飞轮的惯性渡过死点位置，也可以采用相同机构错位排列的方式渡过死点位置。如图2-26所示多缸内燃机的联动机构，其活塞连杆机构BC和$B'C'$由于点火时间不同，死点位置相互错开，实现错位排列，从而使曲轴始终获得有效驱动力矩，顺利地通过各自的死点位置。

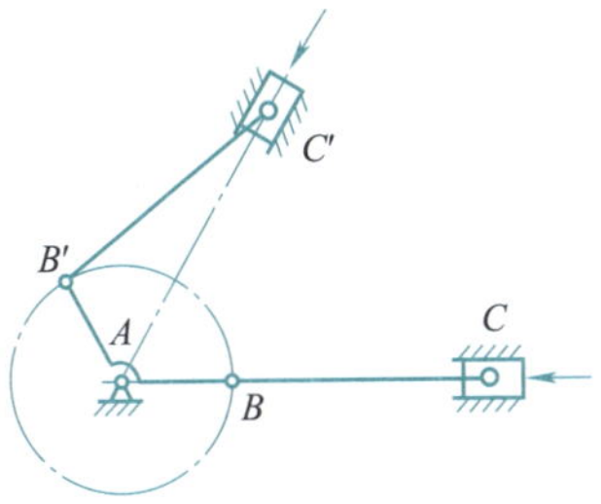

图2-26　多缸内燃机的联动机构

在工程实践中，有时也利用机构的死点位置实现一定的工作要求，如图2-27所示的飞机起落架。

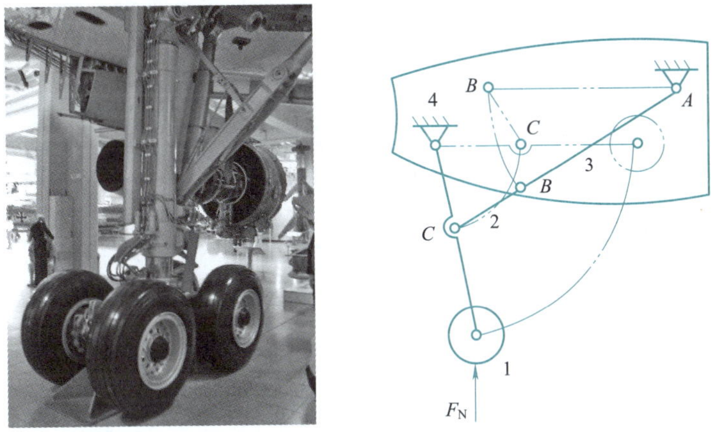

（a）实物图　　（b）机构运动简图

图2-27　飞机起落架

任务评价

评价内容	分　值	评价细则	量化分值	得　分
信息收集和自主学习	20分	明确任务	3分	
		制订合适的学习计划	3分	
		独立进行信息收集	3分	
		充分利用现有的学习资源	3分	
		使用不同的行为方式学习	4分	
		排除学习干扰，能够自我监督与控制	4分	

续表

评价内容	分　值	评价细则	量化分值	得　分
认识铰链四杆机构	30 分	明确铰链四杆机构的定义	5 分	
		能够判定铰链四杆机构的类型	10 分	
		能够分析不同铰链四杆机构的运动特点	15 分	
铰链四杆机构的演变形式	15 分	能够分析和识别铰链四杆机构的演变形式	15 分	
分析四杆机构的基本特性	25 分	能理解四杆机构的基本特性	15 分	
		明确平面四杆机构在汽车上的应用	10 分	
职业素养	10 分	学习态度	3 分	
		团队合作	3 分	
		5S 管理意识	4 分	

思考与练习

根据图2-28所示各杆件标注的尺寸，判断各铰链四杆机构的基本类型。

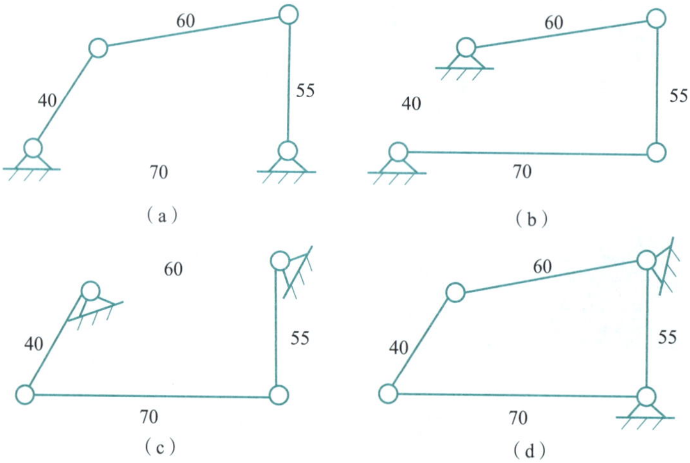

图2-28　机构类型判断

任务三　汽车发动机凸轮配气结构的分析及应用

视　频

凸轮机构的认识

任务目标

1. 能够叙述凸轮机构的组成及特点；
2. 能够叙述凸轮机构的类型；
3. 能够解释凸轮机构的参数；
4. 能够分析凸轮机构的运动过程。

任务描述

配气机构是控制发动机进、排气的装置，应能保证发动机进气充分、排气彻底，对汽车发动机转速的提高、动力性能的改进有着重要意义。观察发动机的配气机构（见图2-29），分析其中凸轮的作用，并判断哪一个是主动件。

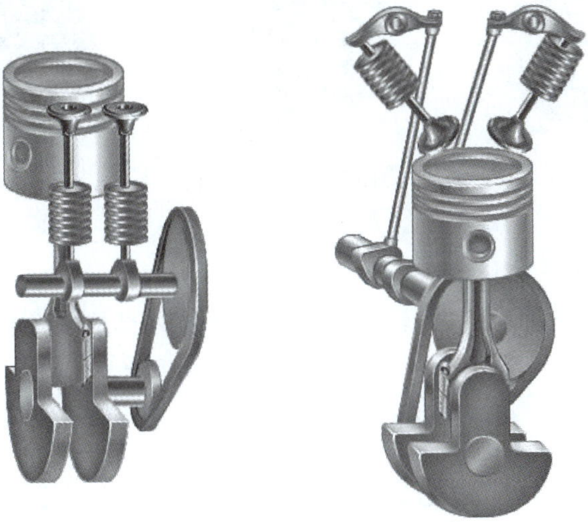

图2-29　发动机配气机构

任务分析

发动机工作时，曲轴通过正时齿轮驱动凸轮轴旋转，使凸轮轴上的凸轮凸起部分通过挺柱和推杆推动摇臂绕摇臂轴摆转，摇臂的另一端便向下推开气门，并使气门弹簧进一步压缩。当凸轮的顶点转过挺柱后，气门在气门弹簧的弹力作用下，开度逐渐减小，直至最后关闭。

任务实现

凸轮机构在机械结构上应用广泛，特别是在自动化和半自动化机械中，如汽车发动机配气机构、柴油机柱塞式喷油泵等。

一、凸轮机构的组成和特点

凸轮机构是由凸轮、从动件和机架三个基本构件组成的高副机构，如图2-30所示。凸轮是一个具有曲线轮廓或凹槽的构件。凸轮机构中，主动件一般为凸轮，凸轮通常作等速转动或往复直线运动，从动件作往复摆动或往复直线运动。通过凸轮与从动件的直接接触，驱使从动件获得预期运动规律。因从动件的运动规律取决于凸轮轮廓线的形状，能够获得较为复杂的运动规律，所以凸轮机构广泛应用于各种自动化机械、自动控制装置和仪表中。

凸轮机构结构简单、紧凑、设计方便，可以高速起动，动作准确可靠；但凸轮与从动件之间为点或线接触，属于高副机构，接触应力大，容易磨损。因此，凸轮机构一般用于传递动力不大的场合。

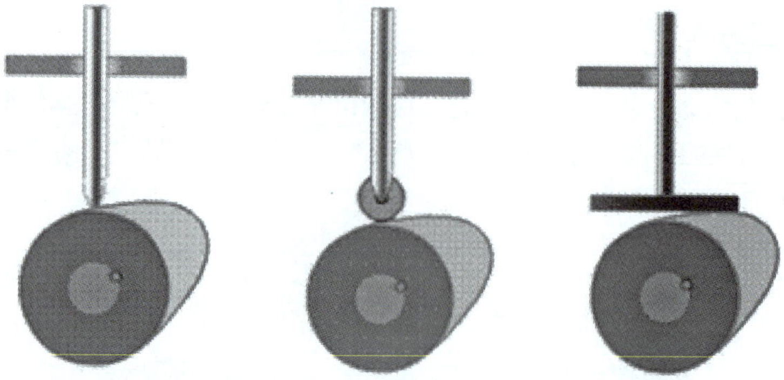

图2-30 凸轮机构

二、凸轮机构的类型

凸轮机构的类型很多，通常可按凸轮的形状、从动件的端部结构及运动方式进行分类。

1. 按凸轮形状分类

按凸轮的形状不同分类，各种凸轮类型见表2-2。

表2-2 按凸轮的形状分类

类 型	图 例	特 性
盘形凸轮机构		盘形凸轮是一个绕固定轴线转动并具有径向轮廓线尺寸变化的盘形构件，是凸轮的最基本形式，结构简单、应用广泛，但从动件的行程不能太大，否则将导致结构庞大
移动凸轮机构		移动凸轮可视为回转中心趋近于无穷远的盘形凸轮，它相对机架作直线往复移动
圆柱凸轮机构		一个在圆柱面上开有曲线凹槽或在圆柱端面上制出曲线轮廓的构件，并绕其轴旋转，它的从动件可以获得较大的行程

2. 按从动件端部结构分类

按从动件端部结构分类，各种凸轮类型见表2-3。

表2-3　按从动件端部结构分类

类　型	图　例	特　性
尖顶从动件凸轮机构		尖顶从动件结构简单，它能与复杂的凸轮轮廓保持点或线接触，因而从动件可以实现复杂的运动规律；因为其尖顶易磨损，故只适用于传递动力不大的低速凸轮机构中
平顶从动件凸轮机构		平底从动件受力方向始终与底面垂直，因此受力较平稳，在高速工作时，底面与凸轮之间较易形成油膜，从而减少摩擦和磨损，故在高速凸轮机构中应用较多
滚子从动件凸轮机构		滚子从动件的滚子与凸轮作滚动摩擦，摩擦阻力小且不易磨损，因此可用于传递较大的动力；滚子从动件的滚子与凸轮耐磨损、承载力大，是最常用的一种形式

3. 按从动件的运动形式分类

按从动件的运动形式分类，各种凸轮类型见表2-4。

表2-4　按从动件的运动形式分类

类　型	图　例	特　性
移动从动件凸轮机构	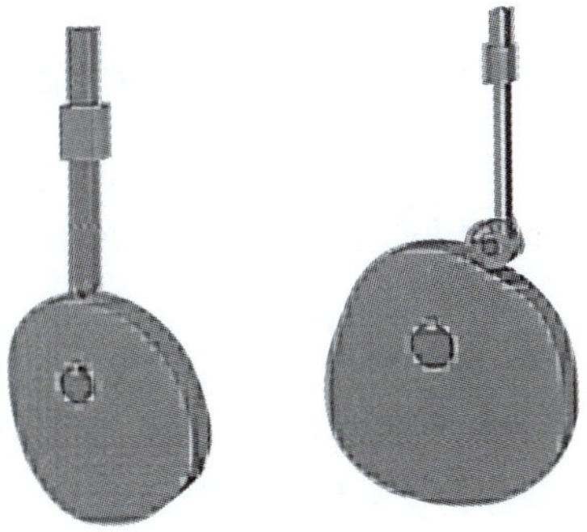	从动件在直线位置作往复移动

续表

类　型	图　例	特　性
摆动从动件凸轮机构	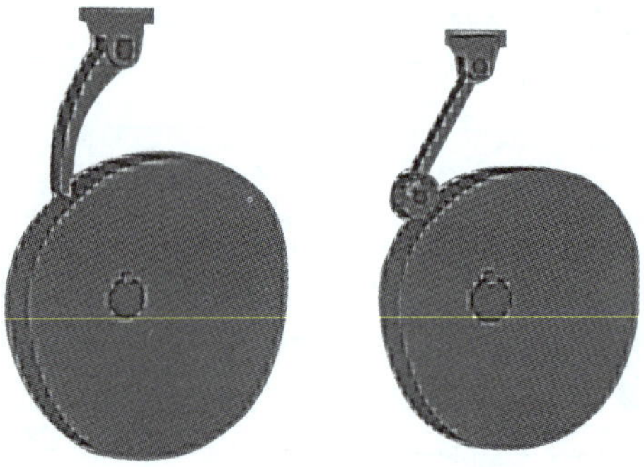	从动件只作往复摆动

三、平面凸轮机构的工作过程和基本参数

在凸轮机构中，从动件的运动规律是指从动件的位移s随时间t变化的规律，由凸轮轮廓曲线的形状决定。当凸轮作匀速转动时，其转角δ与时间t成正比（$\delta=\omega t$），所以，从动件的运动规律也可以用从动件位移s随凸轮转角δ变换的规律描述。通常将从动件位移s随凸轮转角δ变化的直角坐标曲线，称为从动件的运动线图，从而可以直观反映从动件的运动规律。对心尖顶盘形凸轮的从动件位移曲线图如图2-31所示。

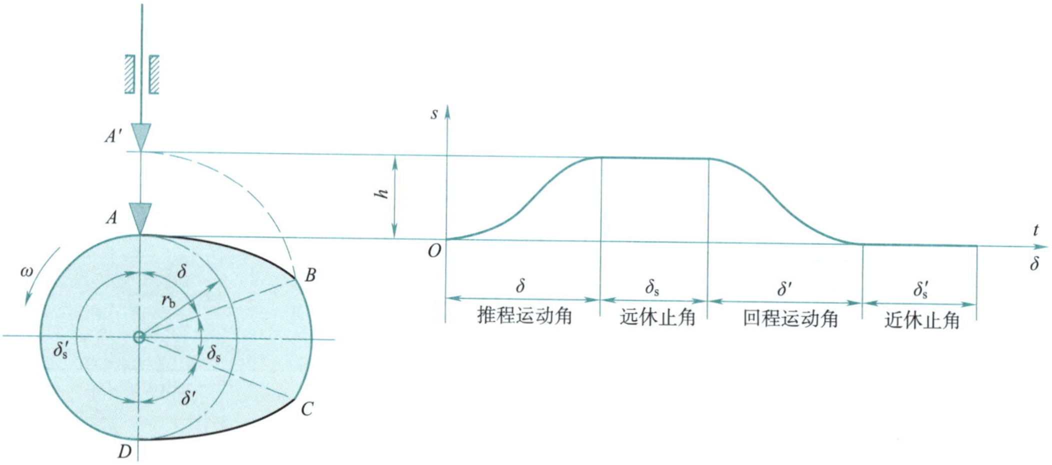

图2-31　对心尖顶盘形凸轮的从动件位移曲线图

凸轮的基本参数包括：

（1）基圆半径。以凸轮轴心O为圆心，以最小半径r_0为半径，所做的圆称为凸轮的基圆，r_0为基圆半径。

（2）推程运动角。当凸轮以逆时针转过δ时，凸轮轮廓AB段按一定运动规律将从动件顶尖由起始位置A推到最远位置B，推杆由最低位置推到最高位置，这一运动过程称为推程，相应的凸轮转角δ称为推程运动角。从动件移动的距离h称为从动件的升程。

（3）远休止角。当凸轮继续转过δ_s时，对应的凸轮轮廓为BC段圆弧，推杆处于最高位置且静止不动，这一运动过程称为远休，相应的凸轮转角δ_s称为远休止角。

（4）回程运动角。当凸轮继续转过δ'时，推杆在重力或弹簧力的作用下按一定运动规律沿CD段回落到初始位置，这一运动过程称为回程，相应的凸轮转角δ'称为回程运动角。

（5）近休止角。当凸轮继续转过δ_s'时，因凸轮轮廓DA段为圆弧，推杆将处于最低位置不动，这一运动过程称为近休，相应的凸轮转角δ_s'称为近休止角。

当凸轮继续回转时，从动件重复上述升—停—降—停的运动循环。

任务评价

评价内容	分　值	评价细则	量化分值	得　分
信息收集和自主学习	20 分	明确任务	3 分	
		制订合适的学习计划	3 分	
		独立进行信息收集	3 分	
		充分利用现有的学习资源	3 分	
		使用不同的行为方式学习	4 分	
		排除学习干扰，能够自我监督与控制	4 分	
认识凸轮	30 分	能够叙述凸轮机构的组成及特点	15 分	
		能够区分不同的凸轮机构	15 分	
理解凸轮运动	35 分	能够解释凸轮机构的参数	20 分	
		能够分析凸轮机构的运动过程	15 分	
职业素养	15 分	学习态度	3 分	
		团队合作	3 分	
		责任意识	4 分	
		5S 管理意识	5 分	
总计	100 分			

思考与练习

根据凸轮轴在发动机中的不同位置，比较下置式和上置式凸轮轴布局的优缺点。

任务四　汽车带传动和链传动的分析及应用

任务目标

1. 能够叙述带传动、链传动的类型和特点；
2. 能够识别汽车使用的传动带的结构和标记；

3. 能够正确使用和维护带传动、链传动装置。

任务描述

发动机工作时，曲轴带动主动带轮旋转，传动带开始运动，并带动从动带轮旋转。这样就将发动机曲轴的动力传递到了其他需要动力的部件上，也有许多轿车采用链传动作为发动机正时传动系统和机油泵传动系统，如图2-32所示。观察汽车发动机上的带传动和链传动，分析带传动和链传动的作用和区别。分析如何判断V带的张紧程度及V带带轮的安装位置，为什么凸轮轴上置的配气机构比较适合用链传动？

（a）带传动

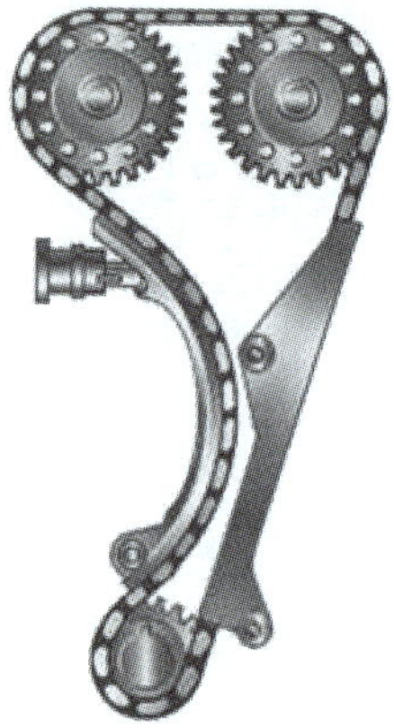

（b）链传动

图2-32　汽车发动机传动

任务分析

汽车发动机前方的正时皮带主要由曲轴皮带轮带动水泵、发电机、空调压缩机等部件工作，并配合一定的传动比保证进、排气时间的准确性。凸轮轴上置式配气机构的凸轮轴位于气门组上方，这种布置使凸轮轴距离曲轴较远，适合使用链传动。

任务实现

一、带传动

如图2-33所示，带传动一般由主动轮、从动轮、机架以及张紧在主动轮与从动轮上的传动带组成。当原动机驱动主动带轮转动时，由于带与带轮之间摩擦力的作用，使从动带轮一起转动，从而实现运动和动力的传递。链传动是通过链条将具有特殊齿形的主动链轮的运动和动力传递到具有特殊齿形的从动链轮的传动方式。

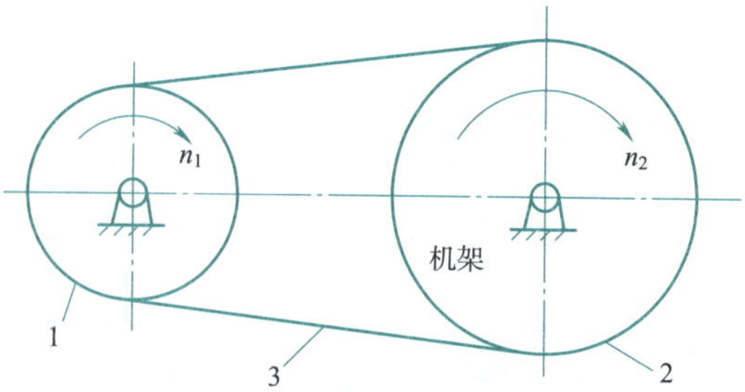

1—主动轮；2—从动轮；3—传动带。

图2-33　带传动

1. 带传动的类型

带传动按其工作原理可分为摩擦带传动和啮合带传动，如图2-34所示。

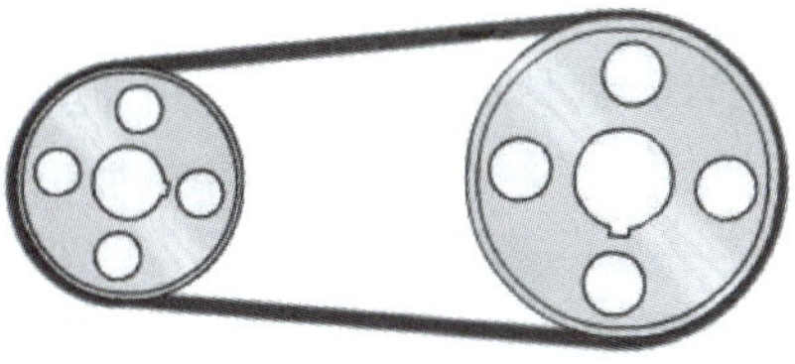
（a）摩擦带传动

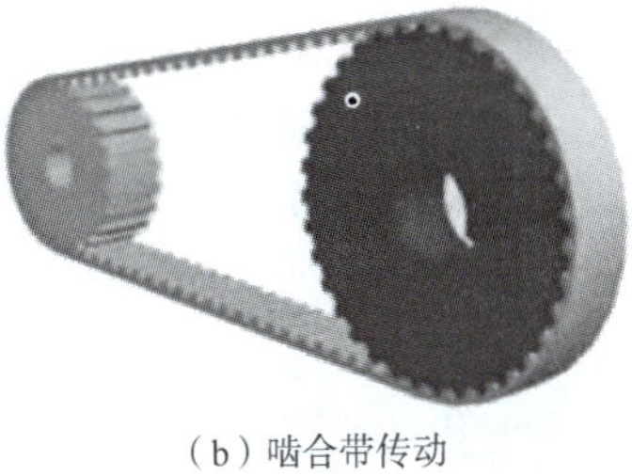
（b）啮合带传动

图2-34　带传动的类型

1）摩擦带传动

摩擦带传动靠传动带与带轮接触面上的摩擦传递运动和动力。摩擦带传动按带的横截面形状可分为平带传动、V带传动、多楔带传动、圆形带传动等。

2）啮合带传动

啮合带传动靠带齿与带轮齿之间的啮合传递运动和动力。由于带与带轮之间无相对滑动，能保持两轮的圆周速度完全一致，故又称同步传动带。

带传动的类型与应用场合见表2-5。

表2-5　带传动的类型与应用场合

名　称	截面形状	应用场合
平带	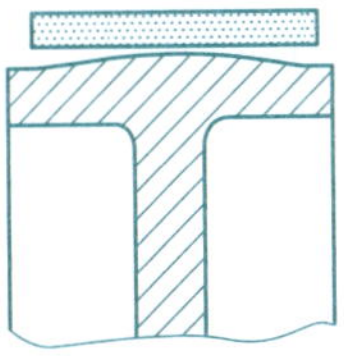	主要应用于两轴平行、转向相同、中心距较大的场合
V带	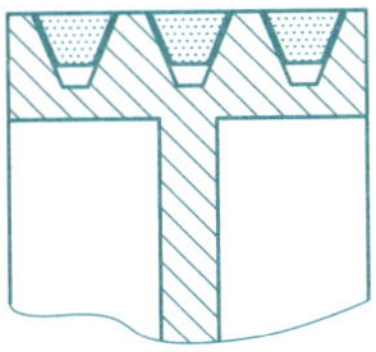	产生的摩擦力比平带大，传递功率大，传动能力强，结构紧凑，应用非常广泛
多楔带	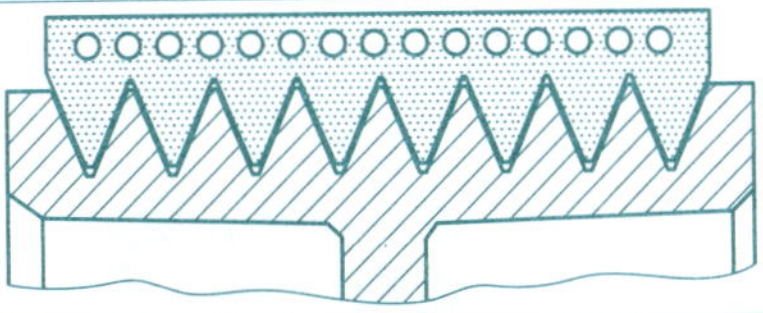	可避免多根V带长度不等、传力不均的缺点，常用于传递功率较大，且要求结构紧凑的场合
圆带		只用于低速、小功率传动场合，如缝纫机、仪表等
同步带	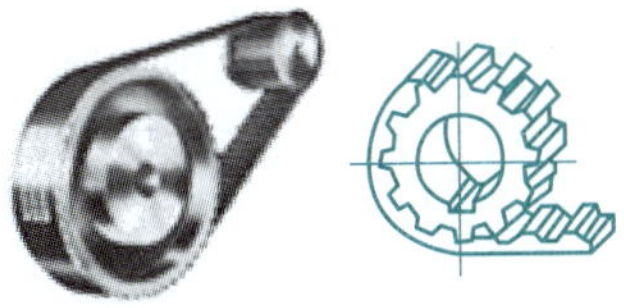	常用于数控机床、纺织机械等需要速度同步的场合，以及汽车上部分发动机配气机构中的正时传动场合

2. 带传动的特点

带传动的主要优点：适用于两轴中心距较大的场合；带具有弹性，可缓和冲击并吸收振动；过载时带与带轮间会出现打滑，可防止其他零件损坏；传动平稳，噪声小；结构简单，制造容易，维护方便，成本低。

带传动的主要缺点：带传动的外轮廓尺寸较大，所需工作空间大；带传动效率较低；由于带的滑动，因此瞬时传动比不准确，不适用于要求传动比精确的场合；摩擦带的寿命较短，需要经常更换；不适用于高温、易燃及有腐蚀介质的场合。

带传动的传动比是主动轮转速n_1（r/min）与从动轮转速n_2（r/min）的比值，也是主、从动轮基准直径（d_1、d_2）的反比，即

$$i_{12}=\frac{n_1}{n_2}=\frac{d_2}{d_1}$$

由于带传动存在弹性滑动现象，以及过载时出现打滑现象，所以不能保证恒定的传动比，上式计算的是在不打滑的情况下，带传动的平均传动比。

带传动适用于要求传动平稳，但传动比不严格要求的场合。一般传递的功率$P\leqslant 100$ kW，带速v=5~25 m/s，传动效率η=0.90~0.95。

3. 传动带的结构

1）V带结构

V带有普通V带、窄V带、宽V带和大楔角V带等若干种类型，其中普通V带和窄V带应用最广。

V带的结构如图2-35所示，由包布、顶胶、抗拉体（强力层）和底胶四部分组成。V带包布材料为胶帆布，顶胶和底胶材料为橡胶。抗拉体是V带工作时的主要承载部分，结构有绳芯和帘布芯两种。帘布芯结构的V带抗拉强度高、制造方便；绳芯结构的V带柔韧性好、抗弯强度高，适用于转速较高、带轮直径较小的场合。在现代生产中，绳芯结构的V带使用越来越广泛。

窄V带是用合成纤维绳作抗拉体的新型V带。与普通V带比，当高度相同时，窄V带的宽度缩小约1/3，而承载能力可提高1.5~2.5倍，适用于传递动力大而又要求传动装置结构紧凑的场合。

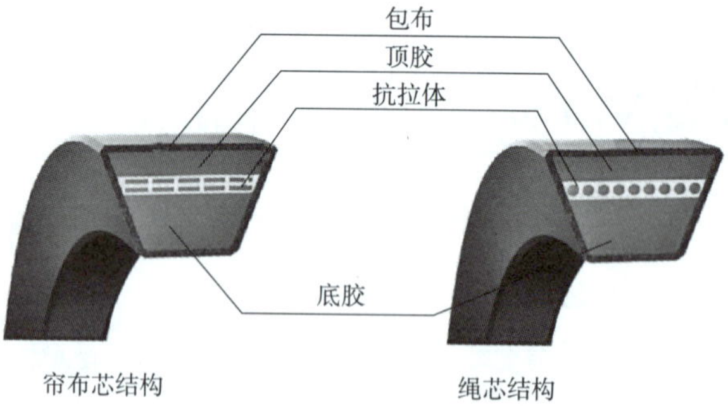

图2-35 V带的结构

我国生产的V带尺寸已标准化，普通V带的尺寸按照截面尺寸由小到大分为Y、Z、A/AX、B/BX、C/CX、D、E七种型号，窄V带的尺寸按照截面尺寸由小到大分为SPZ、SPA、SPB、SPC四种型号。V带截面基本尺寸见表2-6。

表2-6　V带截面基本尺寸（GB/T 13575.1—2022）　单位：mm

带　型	节宽（W_p）	顶宽（W）	高度（T）
Y	5.3	6.0	4.0
Z	8.5	10.0	6.0
A、AX	11.0	13.0	8.0
B、BX	14.0	17.0	11.0
C、CX	19.0	22.0	14.0
D	27.0	32.0	19.0
E	32.0	38.0	23.0
SPZ	8.5	10.0	8.0
SPA	11.0	13.0	10.0
SPB	14.0	17.0	14.0
SPC	19.0	22.0	18.0

V带在规定张紧力的作用下绕在带轮上时长度不变的一层称为中性层，沿中性层形成的面称为节面。节面的宽度称为节宽W_p，V带中性层的周线长度称为基准长度L_d。普通V带的基准长度L_d见表2-7。

表2-7　普通V带的基准长度L_d（GB/T 13575.1—2022）　单位：mm

L_d	带　型						
	Y	Z	A、AX	B、BX	C、CX	D	E
普通V带基准长度	200	405	630	930	1 565	2 740	4 660
	224	475	700	1 000	1 760	3 100	5 040
	250	530	790	1 100	1 950	3 330	5 420
	280	625	890	1 210	2 195	3 730	6 100
	315	700	990	1 370	2 420	4 080	6 850
	355	780	1 100	1 560	2715	4620	7 650
	400	920	1 250	1 760	2 880	5 400	9 150
	450	1 080	1 430	1 950	3 080	6 100	12 230
	500	1 330	1 550	2 180	3 520	6 840	13 750
	—	1 420	1 640	2 300	4 060	7 620	15 280
	—	1 540	1 750	2 500	4 600	9 140	16 800
	—	—	1 940	2 700	5 380	10 700	—
	—	—	2 050	2 870	6 100	12 200	—
	—	—	2 200	3 200	6 815	13 700	—
	—	—	2 300	3 600	7 600	15 200	—
	—	—	2 480	4 060	9 100	—	—
	—	—	2 700	4 430	10 700	—	—
	—	—	—	4 820	—	—	—
	—	—	—	5 370	—	—	—
	—	—	—	6 070	—	—	—

普通V带和窄V带的标记由带型、基准长度和标准号组成。V带的标记示例如下：

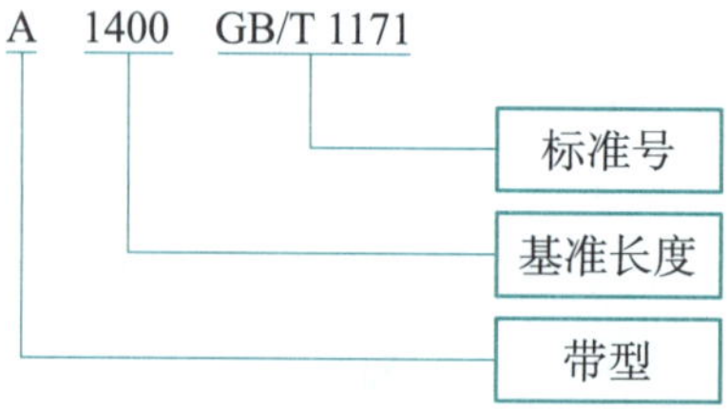

例如，A型普通V带，基准长度为1 400 mm，其标记为A　1400　GB/T 1171；又如，SPA型窄V带，基准长度为1 250 mm，其标记为SPA　1250　GB/T 12730。带的标记通常压印在带的外表面上，以便选用识别。

2）汽车V带

驱动汽车内燃机辅助设备（如风扇、发电机、水泵、压缩机、动力转向泵等）的汽车V带的型式根据其结构分为包布V带和切边V带两种。切边V带又分为普通切边V带、有齿切边V带和底胶夹布切边V带三种型式，如图2-36所示。

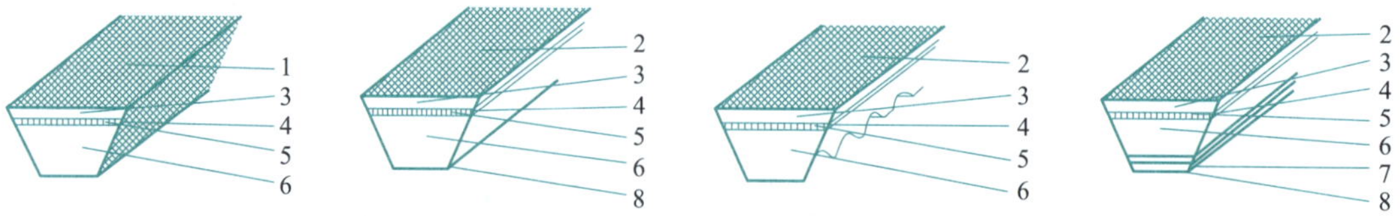

（a）包布V带　（b）普通切边V带　（c）有齿切边V带　（d）底胶夹布切边V带

1—包布；2—顶布；3—顶胶；4—缓冲胶；5—芯绳；6—底胶；7—底胶夹布；8—底布。

图2-36　汽车V带的形式

汽车V带是标准件，根据公称顶宽分为AV10、AV13、AV15、AV17、AV22五种型号，AV后的数字表示顶宽的大小，单位为mm。

汽车V带的标记内容和顺序为型号、有效长度公称值、标准号。如AV13型汽车V带，有效长度公称值为1 000 mm，其标记为AV13 × 1000　GB/T 12732—2008。

3）多楔带

多楔带又称复合三角带，是在平带基体下附有若干纵向三角形楔的环形带，汽车多楔带结构如图2-37所示，楔形面是工作面。相对于单根V带，多楔带具有厚度小、宽度大、工作面多等特点。

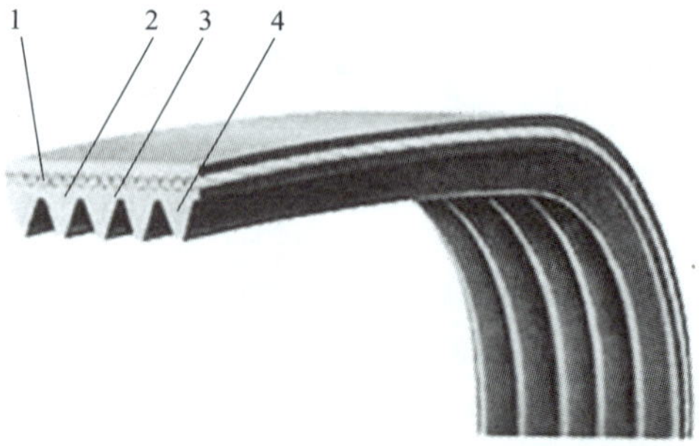

1—背带织物；2—抗拉体；3—黏合胶；4—楔胶。

图2-37　汽车多楔带结构

汽车多楔带只采用PK一种型号，用于表示截面形状和尺寸，双面多楔带为DPK。汽车多楔带的尺寸特性包括楔数、型号和有效长度，采用数字和字母顺序进行标记。如楔数为6，有效长度为1 500 mm的汽车多楔带表示为6　PK　1500。

4）同步带

同步带传动如图2-38所示，同步带传动属于啮合传动，传动带工作面上的凸齿和带轮外缘上的齿槽进行啮合传动，同步带具有传动比恒定、不打滑、效率高、初张力小、对轴及轴承的压力小，以及允许采用较小的带轮直径、较短的轴间距、较大的速比等特点，使得传动系统结构紧凑。

图2-38　同步带传动

汽车同步带分为ZA型（用于较轻负荷）和ZB型（用于较重负荷）两种型号。汽车同步带用数字和字母表示带的齿数、齿形、宽度。如80个齿、19 mm宽、ZA型带的标记为80　ZA　19。

4. 带传动的张紧、安装与维护

1）带传动的张紧

由于带传动长期在拉力作用下，带传动工作一定时间后会由于塑性变形而松弛，张紧力随之减小，传动能力下降，影响带的正常工作，此时应采用张紧装置调整带的张紧力。常用的张紧方法主要有调整中心距与使用张紧轮两种。

（1）调整中心距张紧：又分为定期张紧和自动张紧。定期张紧指定期调整中心距以恢复张紧力。图2-39所示为常见的定期张紧装置，包括滑道式和摆架式两种。滑道式用调节螺钉推动电动机沿滑道移动，从而将带张紧，适用于水平传动或倾斜不大的场合；摆架式用螺杆的调节螺母使电动机在托架上绕定点摆动，从而将带张紧。

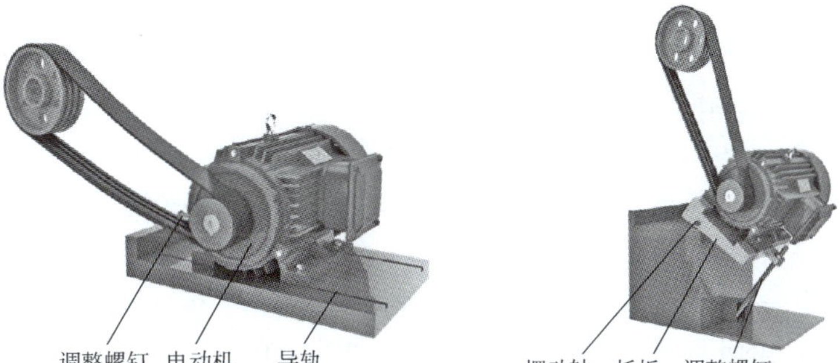

（a）滑道式　　（b）摆架式

图2-39　定期张紧装置

自动张紧指将装有带轮的电动机安装在浮动的摆架上，利用电动机的自重张紧传动带，通过载荷的大小自动调节张紧力。

（2）张紧轮张紧：带传动的中心距无法调整时，可采用张紧轮法。

V带和同步带张紧时，张紧轮一般放在带的松边内侧并应尽量靠近大带轮一边，这样可使带只受单向弯曲，且小带轮的包角不致过分减小。

平带传动时，张紧轮一般应放在松边外侧，并要靠近小带轮处，这样小带轮包角可以增大，提高了平带的传动能力。

2）带传动的安装与维护

（1）带传动的安装。平行轴传动时各带轮的轴线必须保持规定的平行度，否则带易发生偏磨，影响传动能力，降低带的使用寿命。应通过调整中心距的方式安装和张紧传动带，严禁用撬棍等工具将带强行撬入或撬出带轮。为了使各根传动带受载比较均匀，同组使用的V带型号应相同，避免新旧带混合使用以防加速新带的损坏。安装V带时，应按规定的张紧力张紧。对于中等中心距的带传动，也可凭经验张紧，带的张紧程度以大拇指能将带按下15 mm为宜，如图2-40所示。

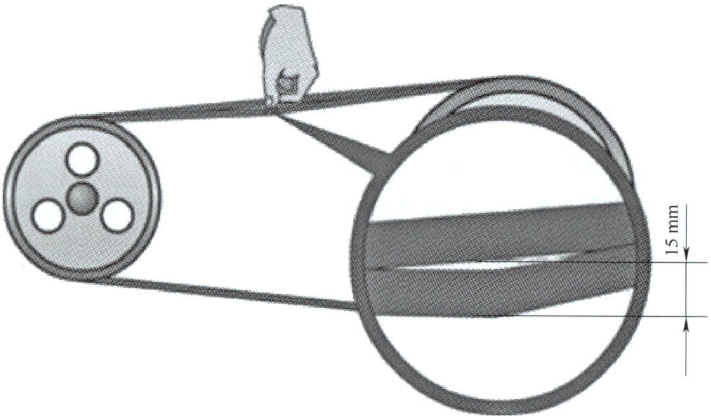

图2-40　V带张紧程度

（2）带传动的维护。带传动装置外面应加防护罩以保证安全，防止带与酸、碱或油接触而腐蚀传动带。禁止往带上加润滑油或润滑脂，应及时清理轮槽内及传动带上的油污。应定期检查胶带，如有一根松弛或损坏则应全部更换新带。带传动的工作温度不应超过60 ℃。如果带传动装置需闲置一段时间后再用，应将传动带放松。

5. 带传动在汽车上的应用

1）V带在汽车上的应用

轿车发动机中很少使用V带传动。在一些大型客车上，许多设备使用V带传动，主要用在发动机的曲轴与冷却风扇、水泵、发电机、空调压缩机等设备之间的传动上。

2）同步带在汽车上的应用

同步带不仅具有一般带传动的优点，同时还能做到不打滑、保证固定的传动比，所以在汽车上广泛应用于配气系统的正时机构上，又称正时带，如图2-41（a）所示。

3）多楔带在汽车上的应用

多楔带在有些车型上又称空调传动带，如图2-41（b）所示。它的作用是带动发电机、空调压缩机、转向助力泵等，一般挂在曲轴传动带轮上，由空调传动带张紧轮张紧。

（a）汽车发动机同步带

（b）汽车发动机多楔带

图2-41　汽车上的带传动应用

6. 带传动的失效形式

带传动工作的失效形式主要有打滑和传动带的疲劳破坏两种。

1）传动带的打滑与异响

带传动是靠摩擦力工作的，当初拉力一定时，传动带与带轮之间的摩擦力总和有一个极限值。当传递的有效圆周力的值超过了极限摩擦力时，传动带将在带轮的轮面上产生明显的滑动，这种现象称为打滑，传动带打滑时通常会伴有啸叫的异响。正常情况下打滑将使传动失效并加剧带的磨损，应予以避免，但过载时打滑则可以起到保护其他零件的作用。

2）传动带的疲劳破坏

传动带在交变应力状态下工作，当应力循环次数达到一定值时，传动带将发生疲劳破坏，如脱皮、撕裂和拉断，从而使传动失效，如图2-42所示。

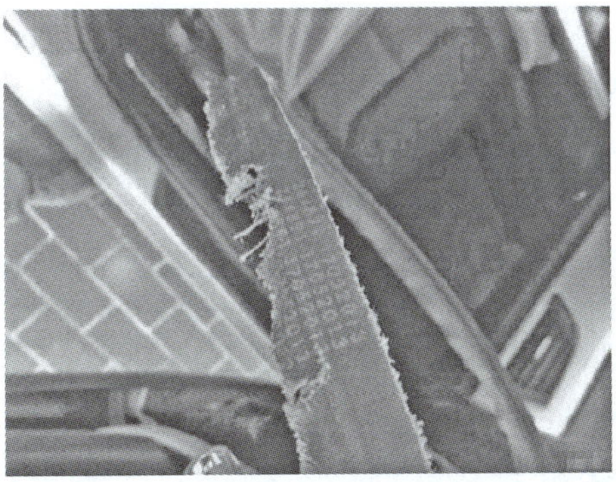

（a）拉断

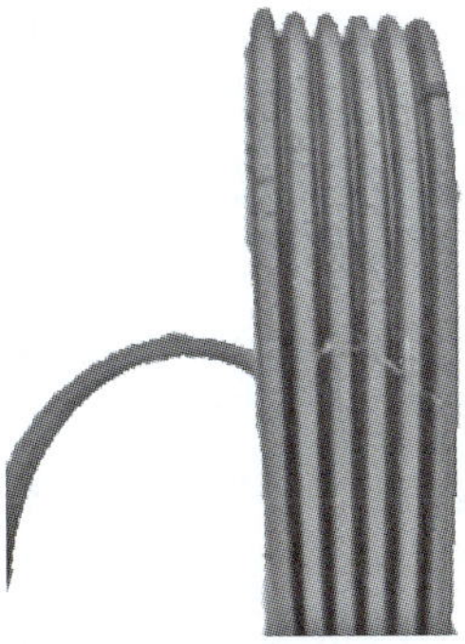

（b）撕裂

图2-42　传动带的疲劳破坏

二、链传动

1. 链传动的组成和类型

1）传动链的组成

链传动是由装在平行轴上的主、从动链轮和绕在链轮上的环形链条组成，以链作中间挠性件，靠链与链轮轮齿的啮合传递运动和动力，如图2-43所示。

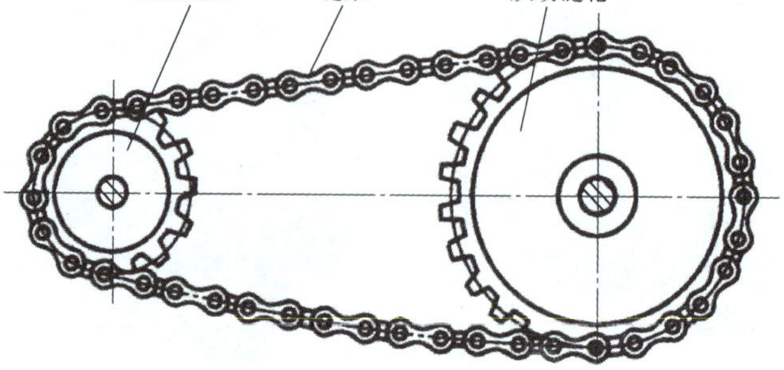

图2-43　链传动

设主、从动链轮的齿数分别为z_1、z_2，主、从动链轮的转速分别为n_1、n_2。主动链轮每转过一个齿，从动链轮被链条带动转过一个齿。单位时间内，主动链轮转过的齿数（z_1与转速n_1的乘积）等于从动链轮转过的齿数（z_2与转速n_2的乘积）即

$$z_1 n_1 = z_2 n_2$$

链传动的传动比i是主动链轮转速与从动链轮转速的比值，也等于两链轮齿数的反比，即

$$i_{12} = \frac{n_1}{n_2} = \frac{z_2}{z_1}$$

2）链传动的应用

链传动常用于两轴平行、中心距较远、传递功率较大且平均传动比要求准确、不宜采用带传动或齿轮传动的场合。与同属挠性类（具有中间挠性件的）传动的带传动相比，链传动具有下列特点：

（1）无滑动，能保证准确的平均传动比，且张紧力小，作用在轴和轴承上的力小。

（2）传递功率大，传动效率高，一般可达0.95 ~ 0.98。

（3）能在低速、重载和高温条件下，以及尘土飞扬、淋油等不良环境中工作。

（4）链条的铰链磨损后，链条节距将变大，工作时链条容易脱落。

（5）由于链节的多边形运动，所以瞬时传动比是变化的，瞬时链速不是常数，传动中会产生动载荷和冲击，因此不宜用于要求精密传动的机械上。

（6）安装和维护要求较高，无过载保护作用。

3）传动链的类型

按用途不同，传动链可分为传动链、输送链和起重链，如图2-44所示。传动链主要用于传递动力，通常圆周速度$v \leqslant 20$ m/s，传动比$i \leqslant 8$，传递功率$P \leqslant 100$ kW，传动效率为0.95 ~ 0.98。输送链主要用于运输机械中移动重物，其工作速度小于4 m/s。起重链主要用于起重机械中提升重物，其工作速度不大于0.25 m/s。

按结构不同，传动链可分为滚子链、套筒链和齿形链，如图2-45所示。滚子链结构较简单、自重轻、价格较便宜，已标准化，应用最广。套筒链结构与滚子链相同，只是没有滚子，结构简单、自重轻、价格比滚子链低，但寿命较短，常用于低速场合。齿形链工作平稳、噪声较小、承受冲击载荷能力较强，但结构复杂、自重重、价格较贵，常用于高速或运动精度要求较高

的传动中。

（a）传动链　（b）输送链　（c）起重链

图2-44　传动链的用途类型

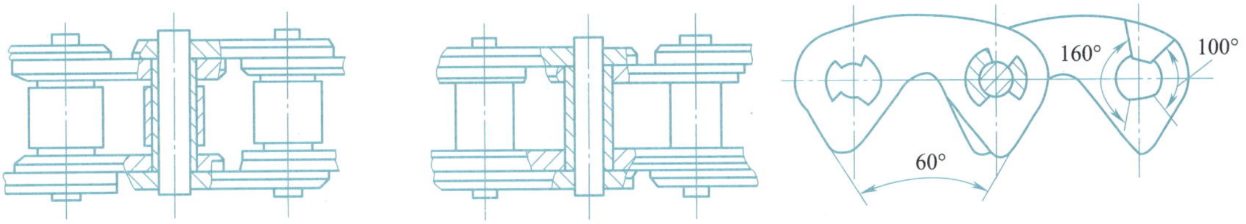

（a）滚子链　（b）套筒链　（c）齿形链

图2-45　传动链的结构类型

滚子链（见图2-46）由外链板、内链板、滚子、套筒和销轴组成。销轴与外链板用过盈配合组成外链节，套筒与内链板用过盈配合组成内链节，销轴与套筒之间的转动副使得当链条屈伸时，内外链节能相对转动。滚子套在套筒上可自由转动，滚子与链轮轮齿相对滚动，摩擦阻力小，减小磨损。

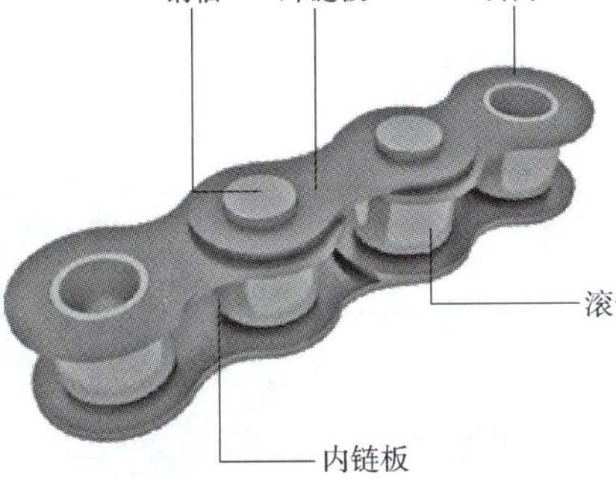

图2-46　滚子链的结构

滚子链中节距P是相邻两链节转动副的理论中心距。节距P是链传动的主要参数之一，节距P越大，链的各部分尺寸也越大。

2. 链传动的布置、张紧和维护

1）链传动的布置

链传动的布置对传动的工作状况和链的使用寿命有较大影响。链传动的安装布置与张紧如图2-47所示。

基本要求有：主、从动轴上的链轮要共面，并在对应轴上正确定位。两链轮中心线最好水平布置或与水平线成45°以下的倾斜角，尽量避免垂直布置。主、从动轴的轴线是平行的，传动的两链轮应在同一水平面内旋转。水平放置时，链条应使主动边（紧边）在上，从动边（松边）在下，以免松边垂度过大时链与轮齿互相干涉或紧、松边相碰。

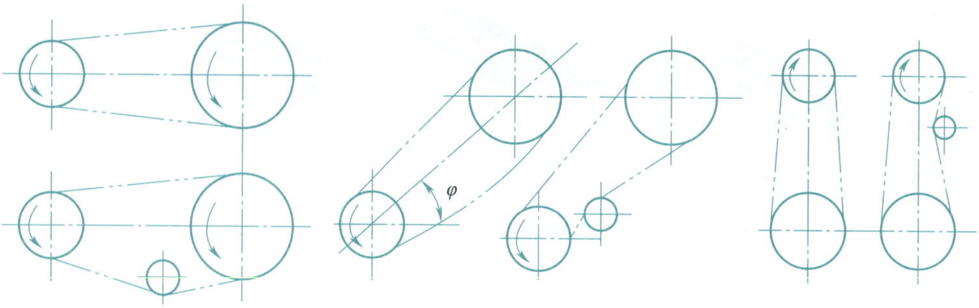

图2-47 链传动的布置与张紧

2）链传动的张紧

链条在使用过程中会因磨损而逐渐伸长，为防止松边垂度过大而引起啮合不良、松边抖动或跳齿等现象，应使链张紧。常用的张紧方法有调整中心距和采用张紧轮，张紧轮可以是链轮也可以是滚轮，张紧轮应设在松边，靠近小带轮处。

3）链传动的润滑

润滑对链传动影响很大，良好的润滑将减少磨损、缓和冲击、延长链条的使用寿命。链传动的润滑方式如图2-48所示。

3. 链传动的失效形式

链传动的失效形式主要有以下几种：

（1）链板疲劳破坏。链在松边拉力和紧边拉力的反复作用下，经过一定的循环次数，链板会发生疲劳破坏。正常润滑条件下，链板疲劳强度是限定链传动承载能力的主要因素。

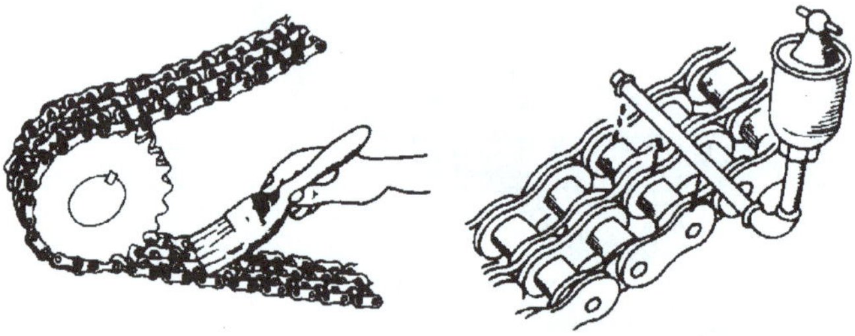

（a）人工润滑

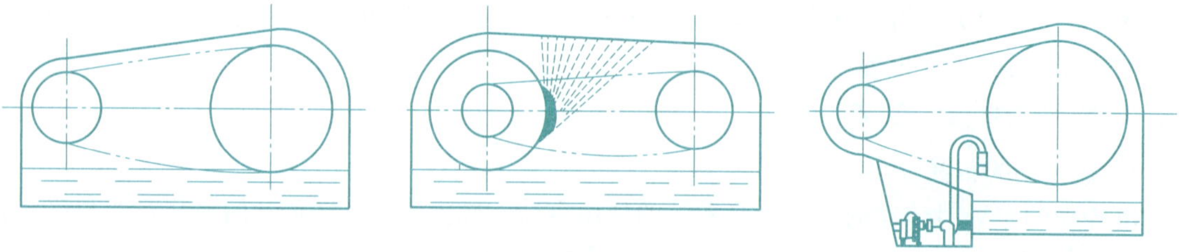

（b）油浴润滑　（c）飞溅润滑　（d）压力喷油润滑

图2-48 链传动的润滑方式

（2）滚子、套筒的冲击疲劳破坏。在反复多次的冲击下，经过一定的循环次数，滚子、套筒可能会发生冲击疲劳破坏，这种失效形式多发生于中、高速闭式链传动中。

（3）销轴与套筒的胶合。润滑不当或速度过高时，销轴和套筒的工作表面会发生胶合，胶合限定了链传动的极限速度。

（4）链条铰链磨损。铰链磨损后链节变长，容易引起跳齿或脱链。开式传动、环境条件恶劣或润滑密封不良时，容易引起铰链磨损，从而急剧降低链条的使用寿命。

（5）过载拉断。这种形式的失效常发生于低速重载的传动中。

任务评价

评价内容	分　值	评价细则	量化分值	得　分
信息收集和自主学习	20 分	明确任务	3 分	
		制订合适的学习计划	3 分	
		独立进行信息收集	3 分	
		充分利用现有的学习资源	3 分	
		使用不同的行为方式学习	4 分	
		排除学习干扰，能够自我监督与控制	4 分	
认识带传动和链传动	20 分	能够叙述带传动的类型和特点	10 分	
		能够叙述链传动的类型和特点	10 分	
带传动、链传动应用	25 分	能够识别汽车上使用的传动带结构	10 分	
		能够识别汽车上使用的传动带标记	10 分	
		能够识别汽车上使用的链传动结构	5 分	
使用带传动和链传动	20 分	能够正确使用和维护带传动	10 分	
		能够正确使用和维护链传动装置	10 分	
职业素养	15 分	学习态度	3 分	
		团队合作	3 分	
		责任意识	4 分	
		5S 管理意识	5 分	
总计	100 分			

思考与练习

元代棉纺织革新家黄道婆创造的木棉纺车原理与哪种传动方式相同？

单元三 3

汽车传动装置常用机构

变速器是汽车传动系统的一个重要部件，它通过改变发动机的输出动力，满足车辆正常行驶的需求。汽车变速器通过系列齿轮实现改变发动机转矩、转速和旋转方向，进而实现换挡变速的目的。轮系是汽车底盘传动系统的主要构成形式，轮系传动不但可以准确传递动力，还可以分解动力输出状态，是多种运动方式输出的重要结构形式。

学习目标

1. 掌握汽车齿轮传动的基本原理和工作方式；
2. 掌握齿轮齿数、模数等参数的意义；
3. 掌握轮系传动的基本原理和应用，包括差速器、传动轴等部件的作用和工作原理；
4. 培养追求卓越、精益求精的大国工匠精神。

任务一 齿轮传动分析及应用

任务目标

视频

齿轮传动认识

1.能够区分齿轮的基本类型；
2.能够计算标准圆柱齿轮的几何尺寸；
3.能够叙述齿轮的啮合条件，对运动速度进行计算；
4.能够根据齿轮的传动特点在生产中适当选用。

任务描述

图3-1所示为汽车变速器中的齿轮传动机构，仔细观察此变速机构，确定其采用的齿轮类型，分析齿轮传动的特点。汽车上还采用了哪些齿轮传动?主要应用于哪些部位?

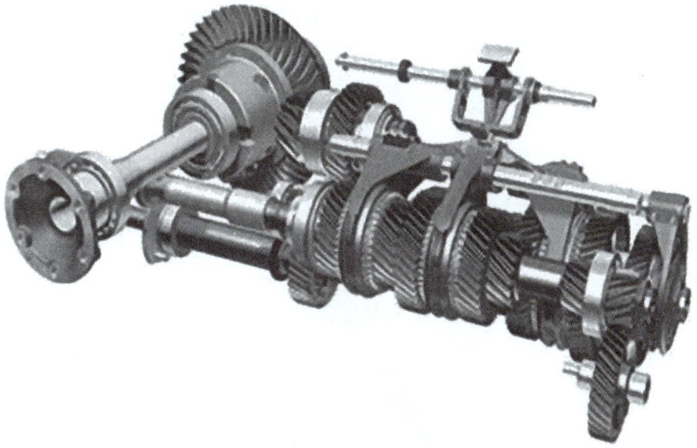

图3-1　汽车变速器中的齿轮传动机构

任务分析

变速器传动机构主要由动力输入轴、动力输出轴、倒挡轴、各挡齿轮及变速器壳体构成，其两轴之间的运动和动力传递主要通过齿轮传动完成。齿轮是变速器的核心部件，它们负责传递动力并改变转速与扭矩。在汽车变速器中，通常使用不同类型的齿轮，如直齿轮、斜齿轮、锥齿轮等，以适应不同的传动需求和空间布局。这些齿轮通过精确啮合实现动力的平滑传递。

任务实现

齿轮传动由主动轮、从动轮和支撑件等组成，是利用两齿轮的轮齿相互啮合传递动力和运动的机械传动。在所有机械传动中，齿轮传动应用广泛，可用于传递相对位置不远的两轴之间的运动和动力。同时齿轮的传动效率高，是汽车变速器、减速器、差速器等重要部件的组成部分。

一、齿轮传动的类型和特点

1. 齿轮传动的类型

齿轮传动的分类方式多种多样，一般可根据其轴性、外形和工作条件等不同进行分类。

根据齿轮轴性，齿轮一般分为平行轴、相交轴以及交错轴三种类型。平行轴齿轮包括正齿轮、斜齿轮、内齿轮、齿条及斜齿条等；相交轴齿轮有直齿锥齿轮、弧齿锥齿轮、零度齿锥齿轮等；而交错轴齿轮则包括交错轴斜齿齿轮、蜗杆蜗轮、准双曲面齿轮等。

按齿轮外形，可分为圆柱齿轮、锥齿轮、非圆齿轮、齿条、蜗杆蜗轮；按齿线形状，可分为直齿轮、斜齿轮、人字齿轮、曲线齿轮；按轮齿所在的表面，可分为外啮合和内啮合齿轮。

此外，根据工作条件的不同，齿轮传动还可以分为闭式齿轮传动、开式齿轮传动和半开式齿轮传动。其中，闭式齿轮传动中轮齿封闭在箱体内，可保证良好的工作条件，应用广泛；开式齿轮传动中轮齿外露，灰尘容易落在齿面；半开式齿轮传动比开式齿轮传动工作条件更好。

各类齿轮传动的类型及特点见表3-1。

表3-1　齿轮传动的类型及特点

类　型			图　例	特　点
平行轴	直齿圆柱齿轮	外啮合		轮齿分布在圆柱体外表面且与其轴线平行，两轮的转动方向相反
		内啮合		两轮的轮齿分别排列在圆柱体的内、外表面上，两轮的转动方向相同
		齿轮齿条		齿数趋于无穷多的外齿轮演变成齿条，与外齿轮啮合时：齿轮转动，齿条直线移动，成本较高
	斜齿圆柱齿轮			轮齿与其轴线倾斜一个角度，沿螺旋线方向排列在圆柱体上。两轮转向相反，传动平稳，适合高速重载传动，但存在轴向力
	外啮合人字齿轮			相当于两个全等、但螺旋方向相反的斜齿轮拼接而成，其轴向力被相互抵消。适合高速和重载传动，但制造成本较高
相交轴	直齿锥齿轮			轮齿沿圆锥母线排列于截锥表面，用于传递两轴相交的旋转运动和动力，常见轴相交为90°，制造较为简单
	斜齿锥齿轮			与直齿锥齿轮相似，传动更为平稳，用于汽车、起重设备等传统机械中

续表

类型		图例	特点
交错轴	交错轴斜齿齿轮		两螺旋角数值不等的斜齿轮啮合时，可组成两轴线任意交错传动，两轮齿为点接触，且滑动速度较大，主要用于传递运动或轻载传动
	蜗轮蜗杆		两轴垂直交错，传动比大。广泛应用于机床、汽车、起重设备等传统机械中

2. 齿轮传动的特点

（1）传动比稳定，且能保证瞬时传动比恒定，传动比范围较大。

（2）传动平稳、准确、可靠，传递的功率和速度范围较大。

（3）传递动力大、传动效率高、结构紧凑、寿命长。

（4）齿轮的制造和安装要求较高，成本也较高，且不宜用于中心距较大的场合。

二、齿轮及渐开线直齿圆柱齿轮的主要参数

齿轮由轮齿和轮体两部分构成。按轮齿的齿廓曲线分，轮齿分为渐开线齿、摆线齿和圆弧齿。其中，渐开线齿轮制造容易、便于安装，互换性好，应用最广。

1. 渐开线的形成

如图3-2所示，发生线沿半径为r_b的圆作纯滚动时，直线上任意一点K的轨迹称为该圆的渐开线，该圆称为渐开线的基圆。

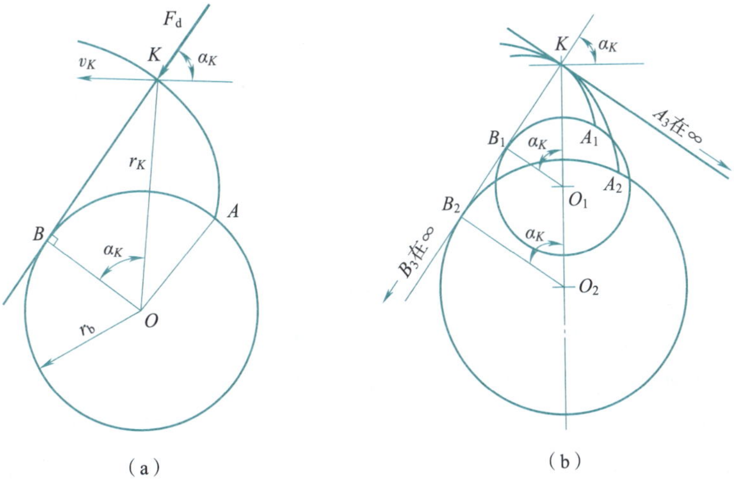

图3-2　渐开线的形成

2. 渐开线的性质

（1）发生线在基圆上滚过的一段长度等于基圆上相应被滚过的弧长的长度。

（2）渐开线上任意一点的法线必然与基圆相切。

（3）渐开线各点的曲率半径不等，越接近基圆的部分，曲率半径越小，渐开线越弯曲。

（4）渐开线的形状取决于基圆大小，基圆半径越大，渐开线越趋于平直。

（5）渐开线是从基圆开始向外逐渐展开的，故基圆以内无渐开线。

3. 渐开线的参数

θ_K——渐开线上K点的展角，(°)；

v_K——渐开线上K点的线速度，m/s；

α_K——渐开线上K点的压力角，(°)，$\cos\alpha_K=\dfrac{r_b}{r_K}$，同一渐开线上各点的压力角不是相等的，离基圆越远，压力角越大；

F_d——渐开线上K点的法向作用力，N。

4. 渐开线齿轮各部分的名称

渐开线齿轮各部分的符号如图3-3所示。

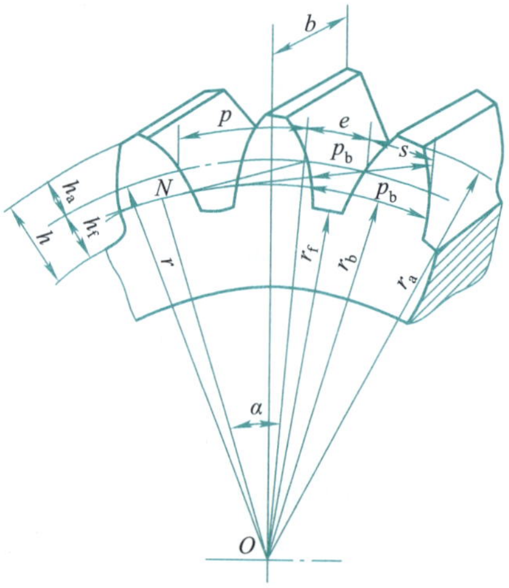

图3-3 渐开线齿轮各部分的符号

（1）齿顶圆：过齿轮各轮齿顶端所连成的圆，其直径用d_a表示，半径用r_a表示。

（2）齿根圆：过齿轮各轮齿槽底部连成的圆，其直径用d_f表示，半径用r_f表示。

（3）分度圆：对于标准齿轮而言，齿厚与齿槽宽相等的那个圆，其直径用d表示，半径用r表示。

（4）基圆：指产生渐开线的圆，是形成渐开线齿廓的发生线所在的假想圆，也是设计齿轮的基准圆，其直径用d_b表示，半径用r_b表示。

（5）齿顶高：分度圆到齿顶圆的径向距离，用h_a表示。

（6）齿根高：分度圆到齿根圆的径向距离，用h_f表示。

（7）齿高：齿顶圆到齿根圆的径向距离，用h表示，$h=h_a+h_f$。

（8）齿厚：沿任意圆周上所量得的同一轮齿两侧齿廓之间的弧长称为该圆周上的齿厚，用s_k表示，分度圆上的齿厚用s表示。

（9）齿槽宽：齿轮相邻两齿之间的空间称为齿槽，在任意圆周上所量得的齿槽的弧长称为该圆周上的齿槽宽，用e_k表示，分度圆上的齿槽宽用e表示。

（10）齿距：沿任意圆周上所量得的相邻两齿同侧齿廓之间的弧长称为该圆周上的齿距，分度圆上的齿距用p表示，且$p=s+e$。

（11）齿宽：齿轮的轴向宽度，用b表示。

5. 渐开线齿轮的主要参数

（1）齿数。在齿轮整个圆周上轮齿的总数称为该齿轮的齿数，用z表示。

（2）模数。分度圆直径d与齿数z及齿距p的关系为

$$\pi d=pz$$

由于π为无理数，为了设计、制造和计算方便，人为把齿距p与π的比值规定为有理数，即把齿距p除以圆周率π所得结果称为模数，用m表示，即

$$m=\frac{p}{\pi}=\frac{d}{z}$$

则

$$d=mz$$

模数是齿轮几何尺寸计算的基本参数，单位为mm。当齿数相同时，模数越大，齿距越大，齿轮的直径越大，轮齿越大，其承载的能力也越大。两个齿轮啮合，模数必须相等。模数的值已经标准化，具体见表3-2。

表3-2　齿轮模数标准系列　　单位：mm

第一系列	1.25　1.5　2　2.5　3　4　5　6　8　10　12　16　20　25　32　40　50
第二系列	2.25　2.75　（3.25）　3.5　（3.75）　4.5　5.5（6.5）　7　9　（11）　14　18　22　28　（30）36　45

（3）压力角。齿轮的压力角α通常指渐开线齿廓在分度圆上的压力角。我国国家标准规定渐开线齿轮分度圆上的压力角$\alpha=20°$。

（4）齿顶高系数和顶隙系数。齿顶高用模数的倍数表示，标准齿顶高计算公式为

$$h_a=h_a^*m$$

式中，h_a^*称为齿顶高系数。

一对齿轮相啮合时，为了避免一齿轮的齿顶与另一齿轮的齿槽底相抵触，并留有一定空隙储存机油以便润滑，应使一齿轮齿顶圆与另一齿轮齿根圆之间留有一定的间隙，此间隙沿径向度量，称为顶隙，用c表示。顶隙也可用模数的倍数表示，标准顶隙计算公式为

$$c=c^*m$$

式中，c^*称为顶隙系数。

系数h_a^*和c^*都已经标准化，其值见表3-3。

表3-3　齿顶高系数和顶隙系数　　单位：mm

系　数	正常齿		短　齿
	$m\geqslant1$	$m<1$	
h_a^*	1	1	0.8
c^*	0.25	0.35	0.3

根据齿根高的定义，齿根高等于齿顶高加顶隙，即

$$h_f=(h_a^*+c^*)m$$

标准齿轮是指模数、压力角、齿顶高系数和顶隙系数均为标准值，且分度圆上的齿厚等于齿槽宽的齿轮。标准直齿圆柱齿轮的几何尺寸计算见表3-4。

表3-4 标准直齿圆柱齿轮的几何尺寸

名　称	符　号	计算公式
齿数	z	设计选定
模数	m	强度计算后获得，并选取标准值
齿距	p	$p=\pi m$
齿厚	s	$s=\pi m/2$
齿槽宽	e	$e=\pi m/2$
齿顶高	h_a	$h_a=h_a^*m$
齿根高	h_f	$h_f=h_a+c=(h_a^*+c^*)m$
齿高	h	$h=h_a+h_f=(2h_a^*+c^*)m$
分度圆直径	d	$d=mz$
齿顶圆直径	d_a	$d_a=d+2h_a=m(z+2h_a^*)$
齿根圆直径	d_f	$d_f=d-2h_f=m(z-2h_a-2c^*)$
基圆直径	d_b	$d_b=d\cos\alpha=mz\cos\alpha$
基圆齿距	p_b	$p_b=p\cos\alpha$
标准中心距	a	$a=m(z_1+z_2)/2$

6. 渐开线齿轮的啮合

一对齿轮传动是靠主动轮齿廓依次推动从动轮齿廓实现的，两轮的瞬时角速度ω_1、ω_2之比称为传动比。

$$i_{12}=\frac{n_1}{n_2}=\frac{\omega_1}{\omega_2}=\frac{z_2}{z_1}$$

（1）齿轮副的啮合条件。一对齿轮能连续顺利地传动，需要各对轮齿依次正确啮合且互不干涉。为保证传动时不出现因两齿廓局部重叠或侧隙过大，而引起卡死或冲击现象，必须使两齿轮的基圆齿距相等。由此可得齿轮副的两个正确啮合条件如下：两齿轮的模数必须相等，即$m_1=m_2$；两齿轮分度圆上的压力角必须相等，即$\alpha_1=\alpha_2$。

（2）齿轮副的连续传动条件。为了使齿轮传动不至中断，必须保证前一对轮齿尚未脱离啮合时，后一对轮齿就应进入啮合。如图3-4所示，前一对轮齿齿廓到达啮合终点B_1且尚未脱离啮合时，后一对轮齿必须至少开始在B_2点啮合，此时线段B_1B_2恰好等于p_b，即B_1为啮合终止点，B_2为啮合起始点，B_1B_2为实际啮合线段，N_1N_2为理论啮合线段，N_1、N_2为极限啮合点。所以，连续传动的条件为：$B_1B_2\geqslant p_b$，也可表示为：$\varepsilon\geqslant 1$（即齿轮传动的重合度大于等于1，一般取$\varepsilon=1.1\sim1.4$）。

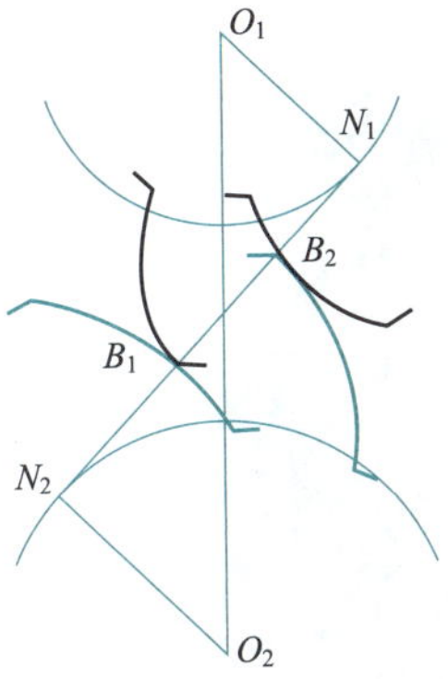

图3-4　渐开线齿轮齿廓的啮合传动

视　频

斜齿圆柱齿轮传动

三、斜齿圆柱齿轮传动

斜齿圆柱齿轮齿廓曲面的形成如图3-5所示。将斜齿圆柱齿轮的分度圆柱展开，如图3-6所示，基圆柱上的螺旋线便成为一条斜直线，它与齿轮轴线的夹角便是分度圆柱上的螺旋角，简称螺旋角，用β表示。β_b称为基圆柱上的螺旋角。

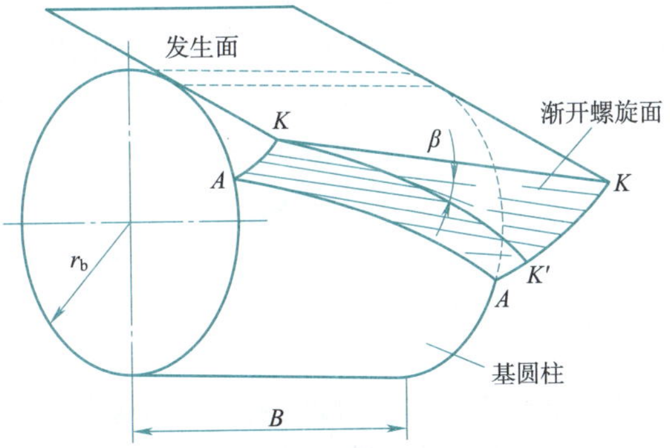

图3-5　斜齿圆柱齿轮齿廓曲面的形成

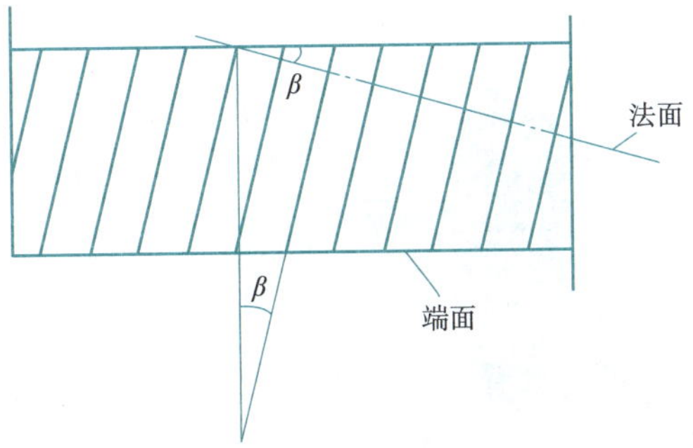

图3-6　斜齿圆柱齿轮分度圆展开图

斜齿轮按轮齿的旋向可以分为左旋和右旋两种，如图3-7所示，齿轮1为右旋，齿轮2为左旋。

斜齿圆柱齿轮螺旋线的判断方法：斜齿圆柱齿轮轴线竖直放置，面对齿轮，手心对自己，除大拇指外的四根手指顺齿轮轴线方向，若轮齿的方向从左向右上升为右旋斜齿轮；反之，为左旋斜齿轮。

图3-7　斜齿轮的转向

斜齿圆柱齿轮啮合时，其瞬时接触线是斜直线，且长度变化。一对轮齿从开始啮合起，接触线的长度从零逐渐增加到最大，然后又由长变短，直至脱离啮合。因此，轮齿上的载荷也是逐渐由小到大，再由大到小，所以传动平稳、冲击和噪声较小。此外，一对轮齿从进入到退出，总接触线较长、重合度大，同时参与啮合的齿对多，故承载能力高。斜齿轮在传动过程中会产生轴向力。斜齿圆柱齿轮适用于高速、载荷相对较大的传动。

一对外啮合斜齿圆柱齿轮传动的正确啮合条件是：除两轮的法面模数和法面压力角必须分别相等外，两轮的螺旋角还必须大小相等、旋向相反，即

视　频

圆锥齿轮传动

$$m_{n1}=m_{n2}=m_n$$

$$\alpha_{n1}=\alpha_{n2}=\alpha_n$$

$$\beta_1=-\beta_2$$

四、直齿锥齿轮传动

锥齿轮传动是用于传递空间两相交轴之间运动和动力的一种齿轮传动，其轮齿分布在截圆锥体上，齿形从大端到小端逐渐变小，如图3-8所示。两锥齿轮的分度圆锥与节圆锥重合，两齿轮的分度圆锥角分别为δ_1和δ_2，大端分度圆半径分别为r_1、r_2，齿数分别为z_1、z_2。为计算和测量方便，通常取大端参数为标准值。

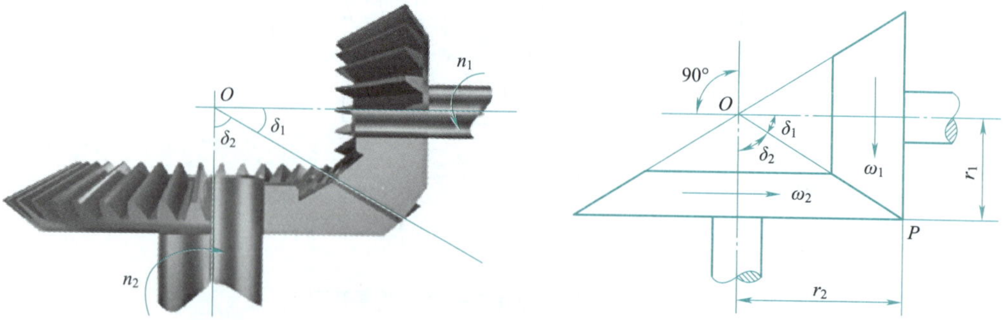

图3-8　直齿锥齿轮传动

在汽车的驱动桥中常使用锥齿轮将动力旋转平面改变90°，使其与驱动轮转动方向一致，图3-9所示为汽车主减速器和差速器上采用的锥齿轮传动。

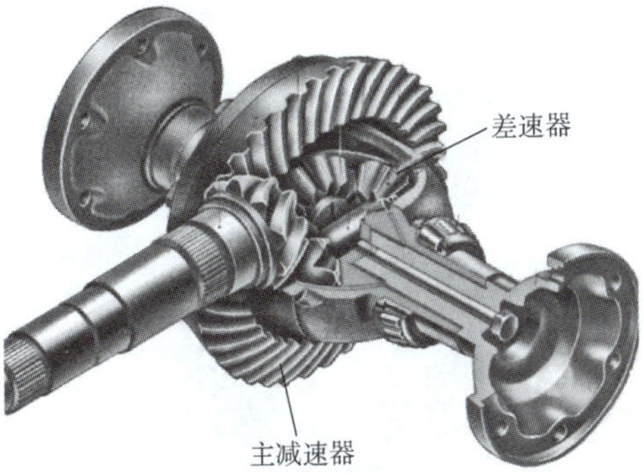

图3-9　汽车上的锥齿轮

圆锥齿轮的轮齿包括直齿、斜齿和曲齿。直齿锥齿轮易于制造，适用于低速、轻载传动的场合；而曲线锥齿轮传动平稳、承载能力强，常用于高速、重载传动的场合。

直齿锥齿轮的正确啮合条件是：两齿轮大端的模数和压力角相等。锥齿轮的传动比计算公式为

$$i_{12}=\frac{n_1}{n_2}=\frac{\omega_1}{\omega_2}=\frac{z_2}{z_1}=\frac{r_2}{r_1}=\frac{OP\sin\delta_2}{OP\sin\delta_1}$$

当$\delta_1+\delta_2=90°$时，$i=\tan\delta_2=\cot\delta_1$。

五、齿轮齿条传动

如图3-10所示，当齿轮的基圆半径增大到无穷大时，渐开线变成一条直线，这时的齿轮就变成了齿条。其分度圆、齿顶圆、齿根圆和基圆变成了相互平行的直线，即分度线、齿顶线、齿根线和基准线。

图3-10　齿轮齿条

齿轮齿条啮合传动时，把齿条的直线往复运动变为齿轮的回转运动，或将齿轮的回转运动变为齿条的直线往复运动。齿条上各点速度的大小和方向都一致，齿廓上各点的压力角相等，如果是标准齿条，压力角=20°，齿条上各齿同侧齿廓线平行且齿距相等。

六、蜗杆传动

蜗杆传动用于传递空间两交错轴之间的运动和动力，通常两轴交角为90°，如图3-11所示。蜗

杆传动由蜗杆和蜗轮组成，一般蜗杆为主动件，蜗轮为从动件。

图3-11　蜗杆传动

按蜗杆的形状不同，蜗杆传动可分为圆柱蜗杆传动、圆弧面蜗杆传动和锥面蜗杆传动，如图3-12所示，其中圆柱蜗杆传动应用最广。

（a）圆柱蜗杆传动　（b）圆弧面蜗杆传动　（c）锥面蜗杆传动

图3-12　蜗杆传动的类型

蜗杆也有左旋和右旋之分，如图3-13所示。一对相啮合的蜗轮蜗杆传动，其蜗轮和蜗杆的轮齿旋向是相同的，且螺旋角之和为90°。

蜗杆的齿数称为头数，用z表示。蜗杆的头数相当于蜗杆上的螺旋线的线数，如图3-14所示。蜗杆常用的有单线或双线，即蜗杆转一圈，蜗轮只转过一个齿或两个齿。蜗杆头数的选择与传动比、传动效率及制造的难易程度等因素有关，头数越多，其传动效率越高，但加工越困难。

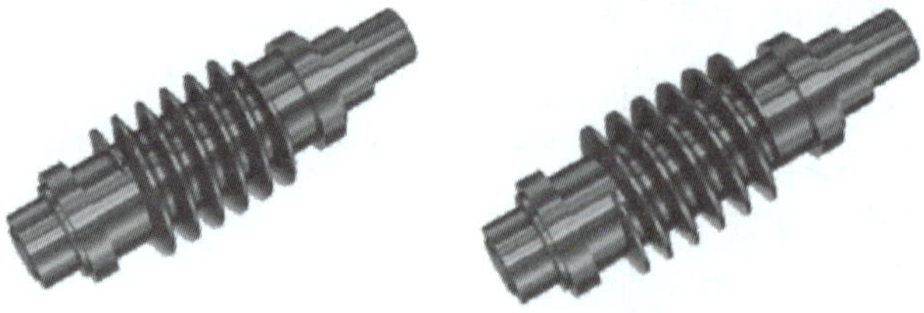

（a）左旋　（b）右旋

图3-13　蜗杆的旋向

图3-14　蜗杆的头数

七、齿轮传动常见的失效形式

机械零件由于强度、刚度、耐磨性和振动稳定性等因素不能正常工作时，称为失效。机械零件在变应力作用下引起的破坏称为疲劳破坏，机械零件抵抗疲劳破坏的能力称为疲劳强度。齿轮传动的失效主要是轮齿的失效。常见的失效形式有轮齿折断和齿面损伤，其中齿面损伤包括齿面磨损、齿面点蚀和齿面胶合等。

（1）齿面磨损：灰尘、砂粒、金属微粒等落入轮齿间，会使齿面间产生摩擦磨损，严重时会因齿面减薄过多而折断，是开式传动的主要失效形式。主要防止措施有：采用闭式传动；提高齿面硬度；降低齿面粗糙度；采用清洁的润滑油。

（2）齿面点蚀：轮齿工作面某一固定点受到近似脉动的变应力作用，由于疲劳而产生的麻点状剥蚀损伤的现象，一般首先出现在节线附近，是闭式传动常见的失效形式，而开式齿轮由于磨损很少出现点蚀。

（3）齿面胶合：高速重载传动中，齿面间压力大，瞬时温度高，润滑油膜被破坏，齿面间会发生粘接在一起的现象，在轮齿表面沿滑动方向出现条状伤痕，称为胶合。

任务评价

评价内容	分　值	评价细则	量化分值	得　分
信息收集和自主学习	20 分	明确任务	3 分	
		制订合适的学习计划	3 分	
		独立进行信息收集	3 分	
		充分利用现有的学习资源	3 分	
		使用不同的行为方式学习	4 分	
		排除学习干扰，能够自我监督与控制	4 分	
认识齿轮	25 分	能够识别不同齿轮的类型	15 分	
		能够叙述齿轮传动的特点	10 分	
计算齿轮	30 分	能够计算标准圆柱齿轮参数	20 分	
		能够叙述齿轮的啮合条件，并对运动速度进行计算	10 分	
选用齿轮	10 分	能够根据齿轮的传动特点，在生产中适当选用	10 分	
职业素养	15 分	学习态度	3 分	
		团队合作	3 分	
		责任意识	4 分	
		5S 管理意识	5 分	
总计	100 分			

思考与练习

一台发动机的转速为2 000 r/min，通过一个2级外啮合渐开线直齿圆柱齿轮传动带动另一台机器。

第二台机器的齿轮直径为第一台机器齿轮直径的1/4。求第二台机器的转速。已知齿数z_1=20，z_2=41，模数m=2 mm，h_a^*=1，c^*=0.25°，α =20°，当该对齿轮为标准齿轮时，试计算齿轮的分度圆直径d_1、d_2，基圆直径d_{b1}、d_{b2}，齿顶圆直径d_{a1}、d_{a2}，齿根圆直径d_{f1}、d_{f2}，分度圆上齿距p、齿厚s和齿槽宽e。

任务二 轮系传动分析及应用

视频

定轴轮系的认识

视频

周转轮系的认识

任务目标

1. 能够分析判断轮系类型；
2. 能够计算轮系的传动比；
3. 能够判断轮系中各齿轮的转动方向及传递关系；
4. 掌握轮系在汽车上的应用。

任务描述

汽车手动变速器和汽车后桥差速器如图3-15所示，观察各齿轮的分布情况，分析其采用的是哪种轮系，以及它们在汽车动力传递中的作用。

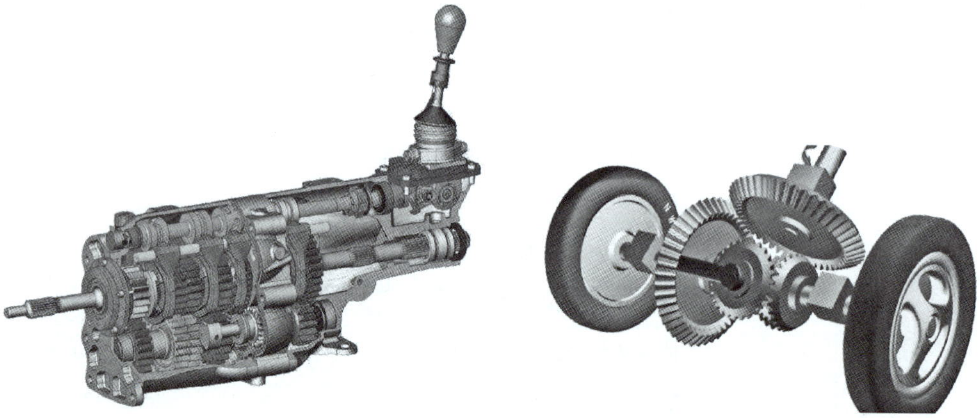

（a）汽车手动变速器　　（b）汽车后桥差速器

图3-15　汽车手动变速器和后桥差速器

任务分析

轮系是机械传动系统中典型的传动形式，由多对相互啮合的齿轮组成。轮系能够获得大的传动比，还能够实现换向和变速。汽车手动变速箱通过一系列齿轮将发动机的动力传递给驱动桥，并通过不同齿轮的啮合得到不同的挡位，使汽车正常行驶。差速器通过行星齿轮机构使两侧车轮以不同速度旋转，保证车辆平稳行驶。

任务实现

为了获得较大的传动比、变速和变向，一般需要采用多对齿轮进行传动。这种由多对齿轮组成的传动系统称为轮系。轮系按照运转时各轮轴线的位置相对于机架是否固定，可分为定轴轮系、周转轮系和混合轮系。汽车上的手动变速器采用定轴轮系，大多数自动变速器采用周转轮系。

一、定轴轮系

1. 定轴轮系的分类

在轮系运动时，所有齿轮的几何轴线位置均固定的轮系称为定轴轮系。其中各齿轮轴线相互平行的定轴轮系称为平面定轴轮系，如图3-16（a）所示；而轴线不平行的定轴轮系则称为空间定轴轮系，如图3-16（b）所示。

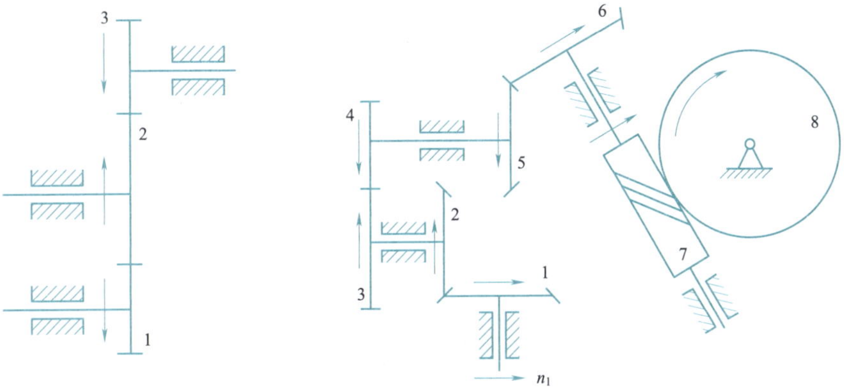

（a）平面定轴轮系　　（a）空间定轴轮系

图3-16　定轴轮系

2. 定轴轮系传动比的计算

轮系中，首末两轮的转速或角速度之比，称为轮系的传动比，通常用i表示。轮系的传动比包括传动比的大小和两轮的转向关系两个方面的内容，外啮合转向相反，内啮合转向相同。

两个齿轮构成的定轴轮系，如图3-17所示，轮1为主动轮，齿数为z_1；轮2为从动轮，齿数为z_2，则该轮系的传动比为

$$i_{12}=\frac{\omega_1}{\omega_2}=\frac{n_1}{n_2}=-\frac{z_2}{z_1}$$

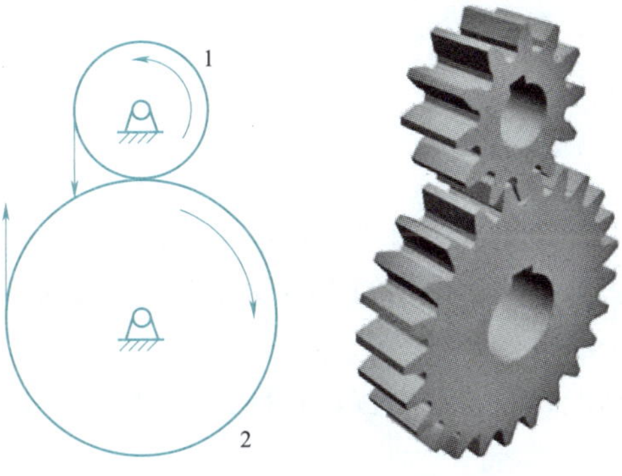

图3-17　定轴轮系

图3-18所示为一平面定轴轮系简图。轮1为首轮，轮5为末轮，z_1、z_2、$z_{2'}$ 、z_3、$z_{3'}$ 、$z_{4'}$ 、z_5分别为各齿轮的齿数，n_1、n_2、$n_{2'}$ 、n_3、$n_{3'}$ 、n_4、n_5分别为各齿轮的转速。轮1与轮2为外啮合，轮2与轮3为内啮合，轮3′与轮4为外啮合，轮4与轮5为外啮合。轮3和轮3′为同轴的两个齿轮，二者的转速相同。

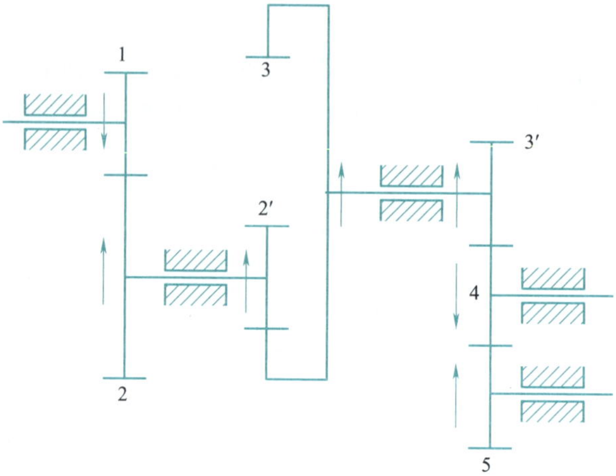

图3-18　平面定轴轮系简图

考虑转向关系，该轮系中各齿轮的传动比分别为

$$i_{12}=\frac{n_1}{n_2}=-\frac{z_2}{z_1}$$

$$i_{2'3}=\frac{n_{2'}}{n_3}=\frac{z_3}{z_2}$$

$$i_{3'4}=\frac{n_{3'}}{n_4}=-\frac{z_4}{z_3}$$

$$i_{45}=\frac{n_4}{n_5}=-\frac{z_5}{z_4}$$

其中，$n_2=n_{2'}$ 、$n_{3'}=n_3$，可得

$$i_{12}i_{2'3}i_{3'4}i_{45}=\frac{n_1n_{2'}n_{3'}n_4}{n_2n_3n_4n_5}=(-1)^3\frac{z_2z_3z_4z_5}{z_1z_{2'}z_{3'}z_4}$$

所以

$$i_{15}=\frac{n_1}{n_5}=i_{12}i_{2'3}i_{3'4}i_{45}=(-1)^3\frac{z_2z_3z_5}{z_1z_{2'}z_{3'}}$$

上式表明，定轴轮系的总传动比等于组成该轮系的各对啮合齿轮传动比的连乘积，也等于各对齿轮中从动轮齿轮的连乘积与主动轮齿轮的连乘积之比。首末两轮转向相同还是相反，取决于轮系中外啮合齿轮的对数。

将以上结论推广到一般情况，若轮系中首轮轮1的转速为n_1，末轮轮K转速为n_K，则该轮系的传动比为

$$i_{1K}=\frac{n_1}{n_K}=\pm\frac{\text{从 1 轮到 }K\text{ 轮之间所有从动轮的连乘积}}{\text{从 1 轮到 }K\text{ 轮之间所有主动轮的连乘积}}\times(-1)^m$$

其中，m为轮系中外啮合齿轮的对数。i_{1K}为负时，说明首末两轮转向相反，反之则相同。

二、周转轮系

轮系中至少有一个齿轮的轴线不是固定的，而是绕着另一个齿轮的轴线旋转的轮系，称为周转轮系。

1. 周转轮系的组成

图3-19所示为一基本周转轮系，由行星轮、太阳轮和行星架（系杆）组成。

图3-19　基本周转轮系

2. 周转轮系的分类

根据自由度数量的不同可以将周转轮系分为行星轮系和差动轮系。

在行星轮系中，内齿圈固定不动，轮系只有一个自由度，当轮系有一个原动件时，轮系就有确定运动。而在差动轮系中，轮系具有两个自由度，因此轮系需要两个原动件才能具有确定运动。

3. 周转轮系的传动比计算

周转轮系与定轴轮系的根本差别在于周转轮系中具有转动的行星架，从而使行星轮既要自转又要公转。因此，周转轮系的传动比不能直接用定轴轮系传动比的计算方法求解。通常采用“转化机构法”计算周转轮系的传动比。

根据相对运动原理，如果假设行星架固定不动，那么周转轮系就可以转化成一个定轴轮系，这种假想的定轴轮系称为原周转轮系的转化轮系。如图3-20所示，假设给整个周转轮系加上一个“$-n_H$”使之绕行星架轴回转，此时各构件之间的相对运动保持不变，而行星架则“静止不动”了。

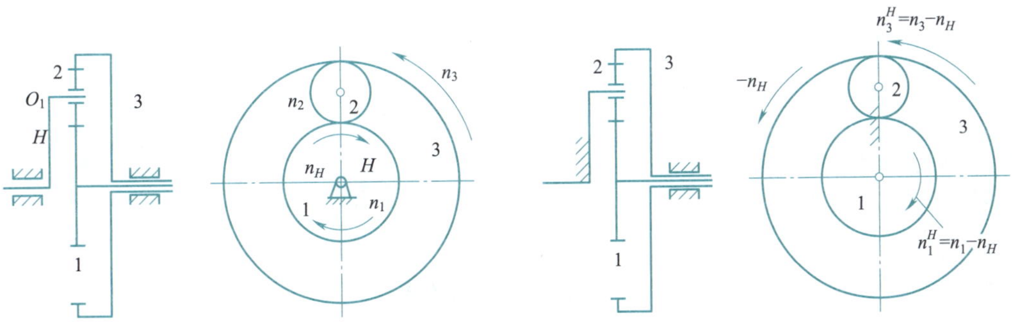

图3-20　周转轮系的转化

周转轮系与其转化轮系各构件转速之间的关系见表3-5。

表3-5　转化轮系中各构件的转速

构　件	周转轮系中的转速	转化轮系中的转速
太阳轮1	n_1	$n_1^H=n_1-n_H$
行星轮2	n_2	$n_2^H=n_2-n_H$
太阳轮3	n_3	$n_3^H=n_3-n_H$
行星架H	n_H	$n_H^H=n_H-n_H$
机架4	$n_4=0$	$n_4^H=0-n_H=-n_H$

转化轮系中1、3两轮的传动比可根据定轴轮系传动比的计算方法得到：

$$i_{13}^H=\frac{n_1^H}{n_{13}^H}=\frac{n_1-n_H}{n_3-n_H}=(-1)^1\frac{z_2z_3}{z_1z_2}=-\frac{z_3}{z_1}$$

式中，“-”号表示在转化轮系中轮1与轮3的转向相反。

归纳为一般情况，可得到转化轮系传动比的计算公式为

$$i_{GK}^H=\frac{n_G-n_H}{n_K-n_H}=\pm\frac{\text{从 }G\text{ 轮到 }K\text{ 轮之间所有从动轮的连乘积}}{\text{从 }G\text{ 轮到 }K\text{ 轮之间所有主动轮的连乘积}}$$

式中，G为主动轮，K为从动轮。

三、混合轮系

图3-21所示为混合轮系，其左侧为定轴轮系，右侧为周转轮系。对于混合轮系，既不能将其视为单一的定轴轮系计算传动比，也不能将其视为单一的周转轮系计算传动比，而是要将它们分开，分别计算出定轴轮系和周转轮系的传动比，再进行联立求解。

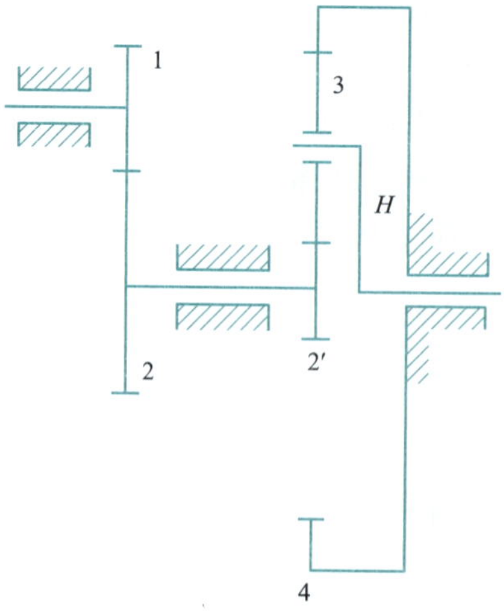

图3-21　混合轮系

因此，混合轮系传动比的计算方法和步骤可以概括为：正确划分轮系，分别列出算式，进行联立求解。其中正确划分轮系是关键，主要是将周转轮系先划分出来。

在图3-21所示的轮系中，已知z_1=20，z_2=40，$z_{2'}$ =20，z_3=30，z_4=60，试求i_{1H}。

1. 分析轮系

由图可知该轮系为一平行轴定轴轮系与简单行星轮系组成的组合轮系，其中，行星轮系为2′-3-4-*H*；定轴轮系为1-2。

2. 分析轮系中各轮之间的内在关系

由图中可知：n_4=0，n_2=$z_{2'}$。

3. 分别计算各轮系传动比

（1）定轴齿轮系。

$$i_{12}=\frac{n_1}{n_2}=(-1)^1\frac{z_2}{z_1}=-\frac{40}{20}=-2$$

$$n_1=-2n_2 \tag{1}$$

（2）行星齿轮系。

$$i_{2'4}^H=\frac{n_{2'}^H}{n_4^H}=\frac{n_{2'}-n_H}{n_4-n_H}=(-1)^1\frac{z_4z_3}{z_3z_{2'}}=-\frac{z_4}{z_{2'}}=-\frac{60}{20}=-3 \tag{2}$$

（3）联立求解。

联立式（1）、式（2），代入n_4=0，n_2=$n_{2'}$，可得

$$\frac{n_2-n_H}{0-n_H}=-3$$

$$n_1=-2n_2$$

故

$$i_{1H}=\frac{n_1}{n_H}=-\frac{2n_2}{\frac{n_2}{4}}=-8$$

任务评价

评价内容	分　值	评价细则	量化分值	得　分
信息收集和自主学习	20分	明确任务	3分	
		制订合适的学习计划	3分	
		独立进行信息收集	3分	
		充分利用现有的学习资源	3分	
		使用不同的行为方式学习	4分	
		排除学习干扰，能够自我监督与控制	4分	
认识轮系	25分	能够识别不同轮系的类型	15分	
		能够叙述轮系的组成	10分	

续表

评价内容	分　值	评价细则	量化分值	得　分
计算轮系	30分	能够计算平面定轴轮系的传动比	15分	
		能够计算空间定轴轮系的传动比	15分	
判断轮系	10分	能够判断空间定轴轮系的方向	10分	
职业素养	15分	学习态度	3分	
		团队合作	3分	
		责任意识	4分	
		5S管理意识	5分	
总计	100分			

思考与练习

在图3-22所示轮系中，已知：z_1=16，z_2=32，$z_{2'}$=20，z_3=40，$z_{3'}$=2，z_4=40，均为标准齿轮传动，且齿轮1的转速n_1=1 000 r/min，试求齿轮4的转速及转向。

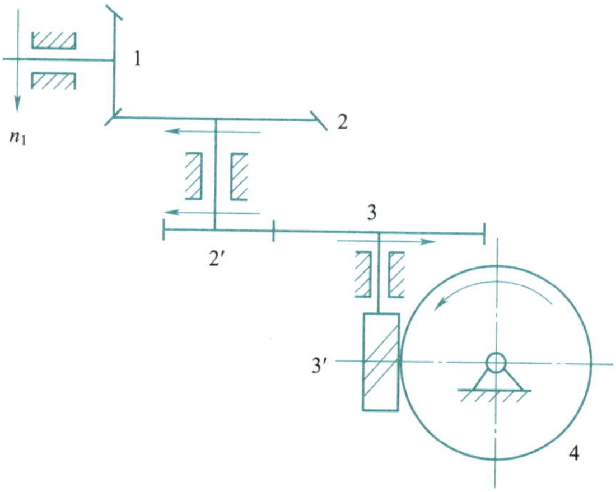

图3-22　轮系

单元四 4

汽车常用零部件

汽车机械基础中的轴类零件和机械连接件是汽车设计和制造中不可或缺的组成部分，在汽车中扮演着重要的角色，对汽车的性能和安全有很大影响。

轴类不仅是传递动力和扭矩的关键部件，还承受着各种载荷和应力。轴类零件广泛应用于发动机输出轴、变速箱输入轴、驱动桥输出轴等重要部位，这些零件的质量直接影响到汽车的性能。

机械连接件则是确保汽车各个部件能够牢固连接在一起的重要组成部分，包括但不限于螺纹、键、销等紧固件，以及联轴器和离合器等。这些连接件不仅保证了结构的完整性，还允许某些部件之间存在一定的相对运动，如联轴器的使用就是为了连接两根轴并允许它们之间的相对位移。

轴类零件的质量直接关系到动力传递的效率和可靠性，而机械连接件的质量则影响到整车的稳定性和耐久性。深入理解这些基础零件的功能和特性是至关重要的，关乎对汽车进行正确的使用、检测及维护。

学习目标

1. 掌握轴的作用与轴的分类、结构及定位与固定方法；
2. 掌握键连接的类型、特点及使用范围；
3. 掌握轴承的结构、类型、代号及润滑方式；
4. 掌握联轴器的类型、特点及在汽车上的应用；
5. 提升团队合作精神，培养学生的民族自信、国家责任感。

任务一 汽车轴类零件分析及应用

任务目标

1. 能够叙述轴的作用与轴的分类；

2. 能够区分轴的结构并归纳各种结构的作用；
3. 能够识别轴的定位与轴的固定方法；
4. 能够判断轴的失效形式。

任务描述

观察前置后驱的车辆，其动力传输图如图4-1所示，分析传动轴在汽车动力传递中的作用。

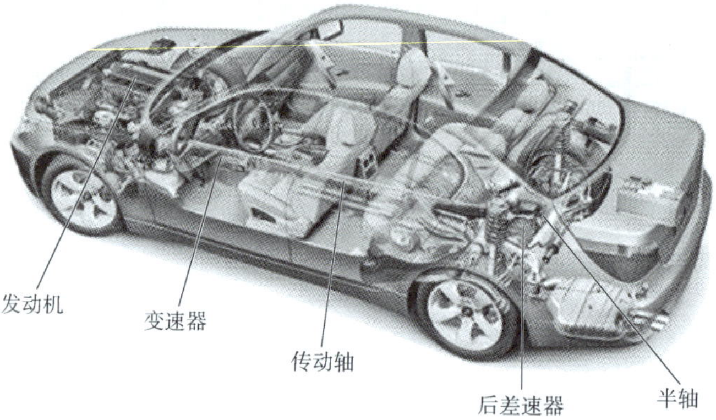

图4-1 前置后驱车辆动力传输图

任务分析

采用前置后驱的车辆，其发动机位于车辆的前部，发动机的动力通过离合器（手动挡）、变速箱、传动轴、差速器、半轴最终传递到后轮上，驱动汽车行驶。

任务实现

轴是机器中的重要零件之一，主要功用是支撑旋转的机械零件，如齿轮、带轮、链轮、离合器等，并传递运动和动力。轴工作状况的好坏直接影响机器的质量。轴类零件在汽车中的应用非常广泛。

一、轴的分类

1. 按轴线的几何形状分类

按轴线的几何形状分类，轴可分为直轴、曲轴和挠性钢丝轴。

（1）直轴。直轴应用较广，投照外形不同又分为光轴、阶梯轴及一些特殊用途的轴，如凸轮轴、花键轴、齿轮轴及蜗杆轴等，如图4-2至图4-4所示。

（2）曲轴。曲轴常用于往复式机械中，如内燃机、空气压缩机等，可以实现直线运动与旋转运动的转换，如图4-5所示。

图4-2 光轴

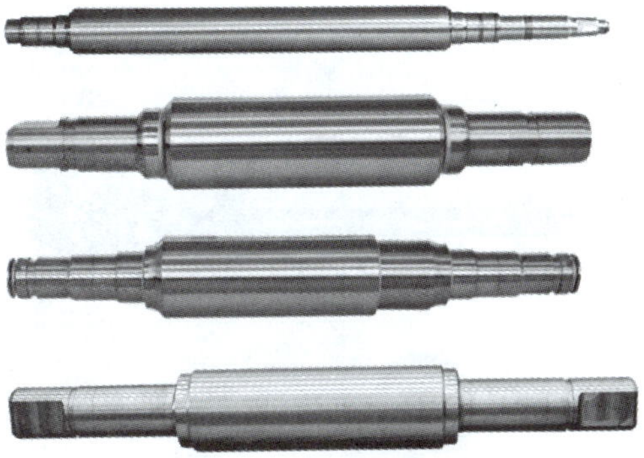

图4-3　阶梯轴

图4-4　凸轮轴

图4-5　曲轴

（3）挠性钢丝轴。挠性钢丝轴是由多组钢丝分层卷绕而成的，如图4-6所示。它的挠性好，能在轴线弯曲的状态下灵活传递运动和转矩，主要用于两个传动件轴线不在同一直线或工作时彼此有相对运动的空间传动，还可用于受连续振动的场合，以缓和冲击。例如，摩托车的里程表传感器轴，以及一些汽车的车速表传感器轴。

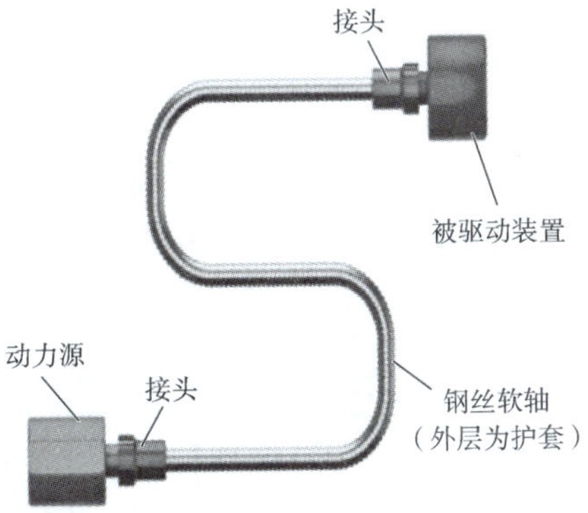

图4-6　挠性钢丝轴

2. 按承受载荷及功能不同分类

轴按其所承受的载荷及功能不同通常可分为心轴、传动轴和转轴三大类，特点和图例见表4-1。

表4-1　轴按所承受载荷及功能不同分类

类　型	特　点	图　例
心轴	工作时用于支撑回转零件，只承受弯曲作用（弯矩）而不传递动力（转矩）	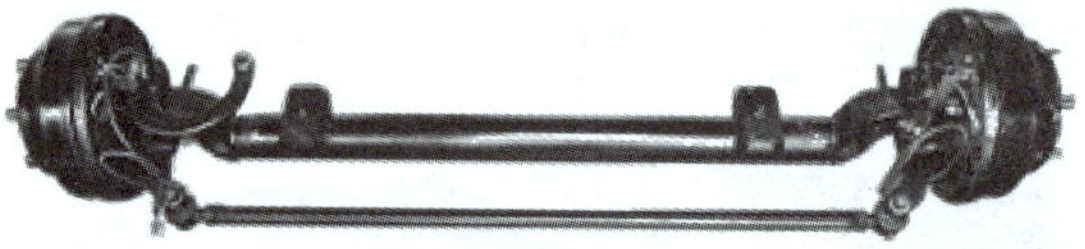
传动轴	工作时用于传递动力（转矩），只承受扭转作用而不受弯曲（弯矩）作用或弯曲（弯矩）作用很小的轴	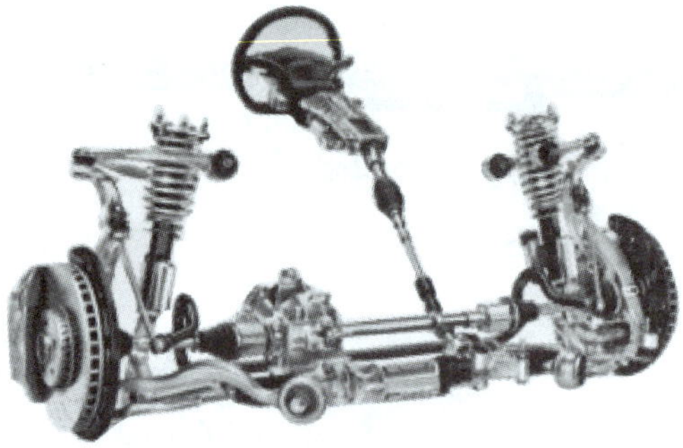
转轴	既支撑回转零件又传递动力，同时承受弯曲（弯矩）和扭转（转矩）作用	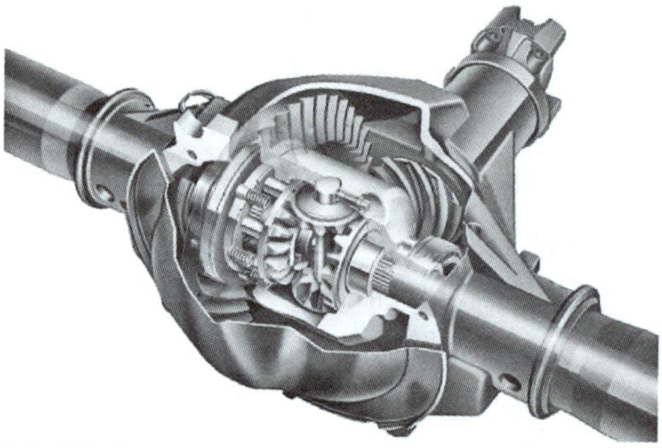

二、轴的结构

如图4-7所示，阶梯轴主要由轴头、轴颈、轴身、轴肩和轴环组成。

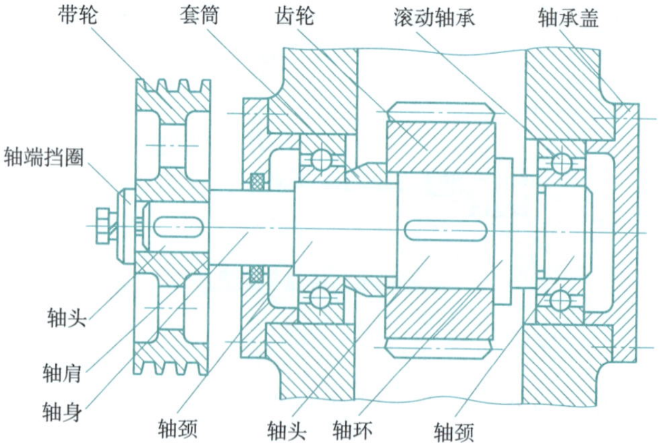

图4-7　阶梯轴的结构

1. 轴头

轴上安装轮毂的部分称为轴头，轴头的长度应稍小于轮毂的宽度，以便实现回转件的轴向固定。

2. 轴颈

轴和轴承的配合部分称为轴颈，当用滑轮轴承支撑轴时，轴承与轴颈之间通过轴瓦连接，一般为间隙配合；当用滚动轴承支撑轴时，轴承与轴颈之间多为过渡或过盈配合。

3. 轴身

连接轴头和轴颈等的非配合部分称为轴身。

4. 轴肩、轴环

阶梯轴上，截面变化的用作零件轴向固定的台阶部分称为轴肩。轴上直径最大，而且最短的环形部分称为轴环。轴肩或轴环可作为轴向定位面，是齿轮、滚动轴承等轴上零部件的安装基准。轴肩或轴环的圆角半径应小于毂孔的圆角半径或倒角高度，以保证零部件安装时准确到位。

轴的结构要求轴的各部分具有合理的形状和尺寸，具体要求如下：

（1）轴的结构要简单、便于加工，轴上零件要易于拆装。

（2）轴和轴上零件要有准确的工作位置（定位）。

（3）轴与轴上零件的连接要牢固可靠。

（4）改善受力情况，减少应力集中。

三、轴的定位和固定

零件在轴上的固定或连接方式随零件的作用而异，轴的机构不同则固定方法也不同。一般情况下，为了保证零件在轴上的工作位置固定，应在轴的轴向和周向对零件加以定位和固定。

1. 轴上零件的轴向定位和固定

轴向固定的作用和目的是保证零件在轴上有确定的轴向位置，防止零件作轴向移动，并能承受轴向力。零件在轴上的轴向定位和固定可采用轴肩、轴环、套筒、圆螺母和弹性挡圈、轴端挡圈等。轴上零件定位和固定的方法只取决于轴向力的大小。受轴向力大时，常用轴肩、轴环等方式定位和固定；受中等轴向力时，可用轴套、圆螺母和轴端挡圈定位和固定；当受力较小时，可用弹性挡圈、紧定螺钉等方式定位和固定。此外，轴承端盖常用作整个轴的轴向定位。

（1）轴肩和轴环。轴肩和轴环广泛应用于齿轮、带轮、联轴器、轴承等构件的轴向固定。图4-8（a）所示的齿轮是利用轴肩进行轴向定位的，图4-8（b）所示的联轴器则利用轴环进行轴向定位。用轴肩和轴环对轴上零件进行轴向定位，简单可靠，无须附加零件，能承受较大的轴向力，但会使轴径增大，阶梯处形成力集中。阶梯过多时，不利于加工。为使零件与轴肩贴合，轴上圆角r应较轴上零件的圆角半径R或倒角C稍小，轴肩高度$h\approx(0.07\sim0.1)d$（d为该轴直径），或取$h=(2\sim3)C$，轴环宽度$b\approx1.4h$，如图4-9所示。

安装滚动轴承处的轴肩尺寸，由轴承标准规定的安装尺寸确定。非定位轴肩高度和该处的圆角半径可不受此限制，一般可取轴肩高度$h=1.5\sim2$ mm，圆角半径$r\leqslant(D-d)/2$。安装滚动轴承处的定位轴肩或轴环高度必须低于轴承内圈端面高度。

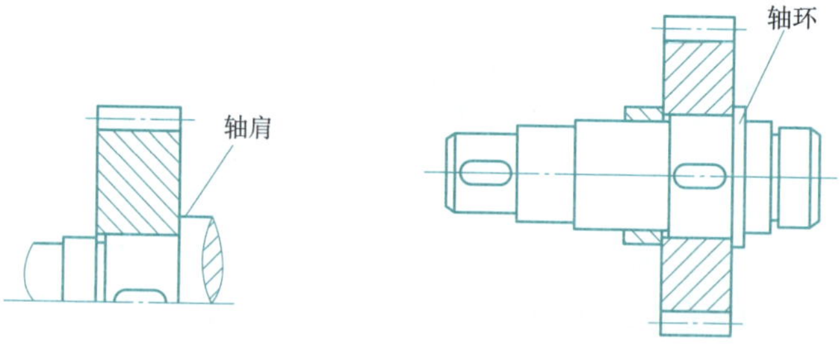

（a）轴肩定位　（b）轴环定位

图4-8　轴肩和轴环的定位

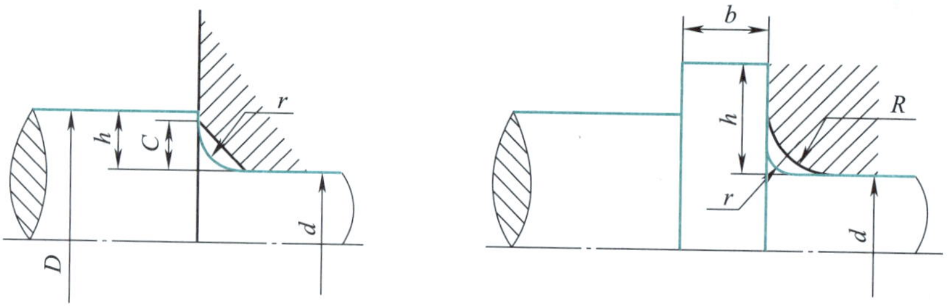

（a）　（b）

图4-9　轴肩和轴环的圆角

（2）套筒。套筒定位结构如图4-10所示。套筒定位可以简化轴的结构，减小应力集中，结构简单、定位可靠、调整方便。多用于轴上零件间距离较小的场合。但由于套筒与轴之间存在间隙，所以在高速情况下不宜使用。

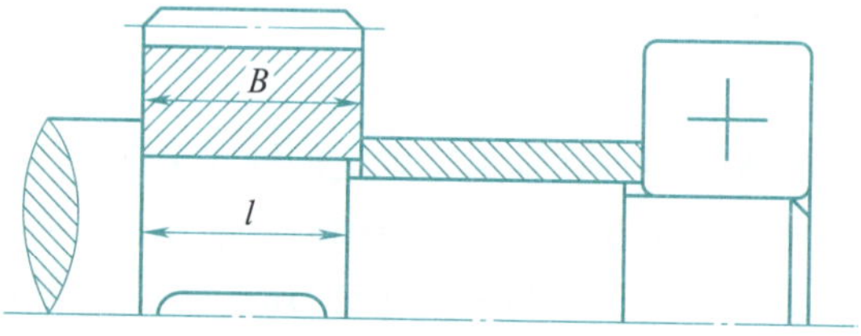

图4-10　套筒定位结构

（3）圆螺母。当套筒过长或无法采用套筒，而轴上又允许车制螺纹时，可采用圆螺母固定，如图4-11所示。圆螺母可承受较大的轴向力，但在螺纹处有较大的应力集中，会降低轴的疲劳强度，多用于固定装在轴端的零件。为了减小对轴强度的削弱，常采用细牙螺纹；为了放松，需加止动垫圈或双螺母。

（4）弹性挡圈。如图4-12所示，弹性挡圈用于轴向定位，结构简单紧凑，常用于滚动轴承的轴向固定，但承受的轴向力较小。切槽尺寸需要一定的精度，否则可能出现与被固定件间存在间隙或弹性挡圈不能装入切槽的现象。

（5）轴端挡圈。轴端挡圈具有消除间隙的作用，能承受冲击载荷，对中精度要求较高，主要用于有振动和冲击的轴端零件的轴向固定，其结构如图4-13所示。

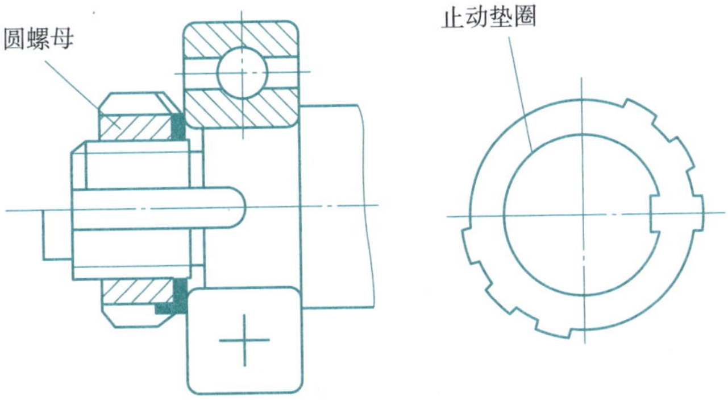

图4-11　圆螺母与止动垫圈定位

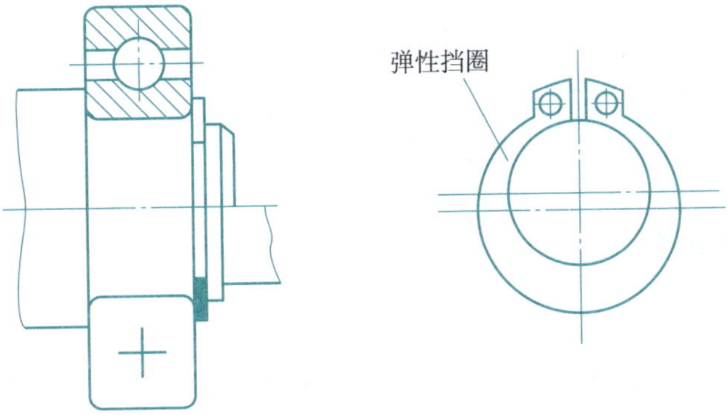

图4-12　弹性挡圈定位

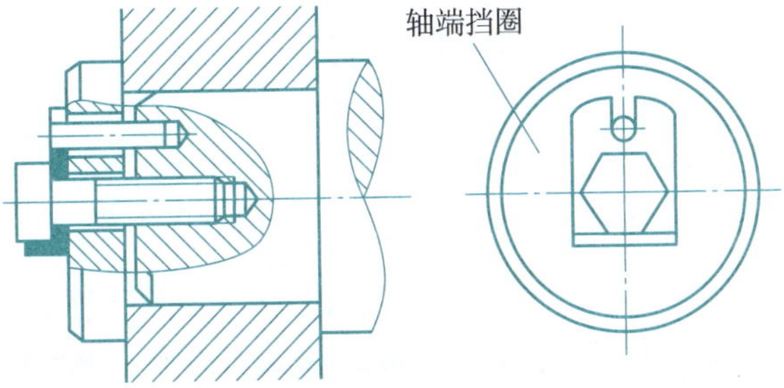

图4-13　轴端挡圈定位

当用轴肩、轴环、套筒、圆螺母、轴端挡圈进行零件的轴向定位时，为保证轴向定位可靠，一般装配零件的轴头长度应比零件的轮毂长度短2~3 mm，即$l<B$，如图4-10所示，以确保套筒、螺母或轴端挡圈能靠紧零件端面，否则容易导致定位不可靠。

2. 轴上零件的周向定位和固定

周向固定的作用和目的是在零件传递转矩时，防止零件与轴产生相对转动。常用的定位和固定方法包括平键连接、花键连接、型面连接和过盈配合等，如图4-14（a）~（d）所示。当传递的转矩很小时，可采用紧固螺钉连接或销连接，它们可同时实现轴向和周向固定，如图4-14（e）、（f）所示。

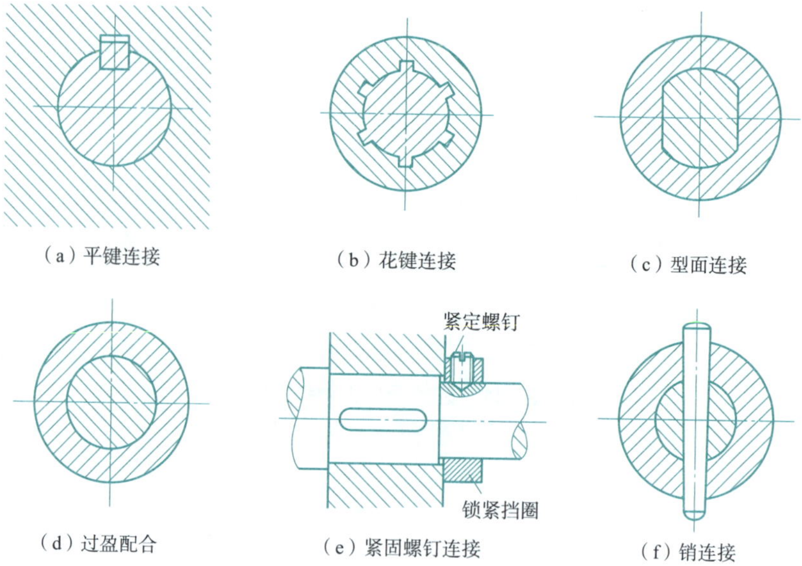

图4-14　周向固定和定位

四、轴的失效和检查

1. 轴的失效

轴的主要作用是承受弯矩和转矩，在弯矩与转矩的作用下承受交变应力，轴肩处会产生应力集中，因此轴的失效形式主要有因疲劳强度不足而产生的疲劳断裂、因静强度不足而产生的塑性变形或脆性断裂、因磨损超过允许范围导致的变形和振动等。

不同级别和不同要求的汽车，对轴的强度要求也是不一样的。在实际生产中提高轴的疲劳强度和刚度是降低轴疲劳磨损的必要手段，主要措施包括：

（1）减小应力集中。

（2）降低轴的表面粗糙度。

（3）强化轴的表面，如使用碾压、喷丸、表面淬火、渗碳等工艺。

2. 轴的使用和检查

（1）轴在使用前，应注意轴和轴上零件的固定连接是否可靠；轴与轴上有相对移动和转动的零件间的间隙应适中；轴颈润滑应符合要求，润滑不当是导致轴颈非正常磨损的重要原因。

（2）轴在使用中，应避免突加、突减负荷或超载，尤其是对新配滑动轴瓦和使用已久的轴更应注意，以防止疲劳断裂和弯扭变形。

（3）在机器大修或者中修时，通常应检查轴有无裂纹、弯曲、扭曲及轴径磨损等现象，如不符合要求应进行修复或更换。裂纹通常集中在应力集中处，由此导致轴的疲劳断裂，应予以注意。轴上的裂纹可用放大镜和磁力探伤器检查。轴径的最大磨损量为测得的最小直径与公称直径之差，当超过规定值时应进行修磨。

（4）对于液体润滑轴承中的轴颈，应检查其圆度和圆柱度，因为失圆的轴颈运转时，会使油膜的压力波动，不仅加速轴瓦材料的疲劳损坏，也增加了轴瓦和轴径的直接接触面积，使磨损加剧。轴上花键的磨损，可通过检查配合的齿侧间隙，或用标准花键套在花键轴上进行检查。

任务评价

评价内容	分　　值	评价细则	量化分值	得　　分
信息收集和自主学习	20 分	明确任务	3 分	
		制订合适的学习计划	3 分	
		独立进行信息收集	3 分	
		充分利用现有的学习资源	3 分	
		使用不同的行为方式学习	4 分	
		排除学习干扰，能够自我监督与控制	4 分	
认识轴	25 分	能够叙述轴的作用	10 分	
		能够区分不同类型的轴	15 分	
认识轴结构	30 分	能够区分轴的结构	10 分	
		能够归纳各种轴结构的作用	10 分	
		能够识别轴的定位和固定方法	10 分	
判断轴的失效形式	10 分	能够判断轴的失效形式	10 分	
职业素养	15 分	学习态度	3 分	
		团队合作	3 分	
		责任意识	4 分	
		5S 管理意识	5 分	
总计	100 分			

思考与练习

观察迈腾B8变速器中输入轴和输出轴的结构，说明轴的类型及采用的固定方式。

任务二　认识汽车常用机械连接零件

任务目标

1. 能够正确识读并选用键的型号；
2. 能够正确选用联轴器的类型及型号；
3. 能够读懂滚动轴承代号的含义，并能够正确选用滚动轴承的型号。

任务描述

如图4-15所示，汽车作为一个复杂机械系统组成体，用到了哪些常用机械连接零件？各个连接件的作用和类型是什么？如何根据要求选取正确的连接件？

图4-15　常见轿车的整体结构

任务分析

汽车各个部件之间的连接方式多种多样，有螺纹连接、键连接、花键连接、联轴器连接、轴承连接等。在实际选用过程中要根据所连接零部件的受力大小、连接方式要求等特点，再根据各种连接件的特点及选用原则选择合适的连接件。为此，有必要进行汽车常见零部件的学习。

任务实现

汽车是由许多零部件按一定工作要求，用不同连接方法组合而成的。各组成可以分为连接件和被连接件。按连接件间的运动关系可以分为动连接和静连接；按连接件能否无损拆卸可以分为可拆卸连接和不可拆卸连接，具体分类见表4-2。汽车中常见的连接方式有键连接、铆钉连接、轴承连接、联轴器连接、离合器连接以及万向装置连接等。限于篇幅，本任务只介绍汽车机械中常见的几种。

表4-2　汽车机械连接的分类

分类标准	种　类	特性及应用	图　例
按连接件间的运动关系分类	静连接	连接件间相互固定，无相对运动，如螺纹连接、普通平键连接等	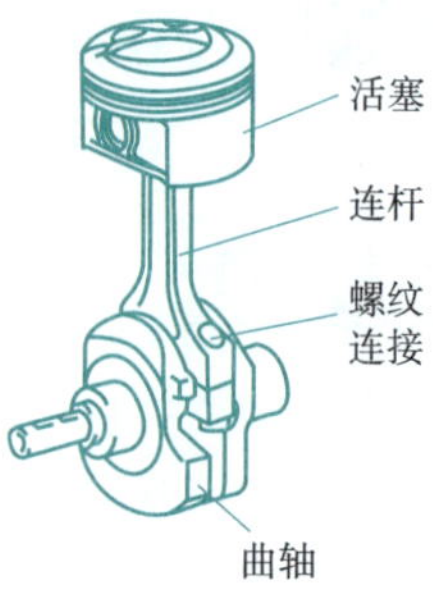

续表

分类标准	种　类	特性及应用	图　例
按连接件间的运动关系分类	动连接	连接件间存在相对运动，如花键连接、螺旋传动连接等	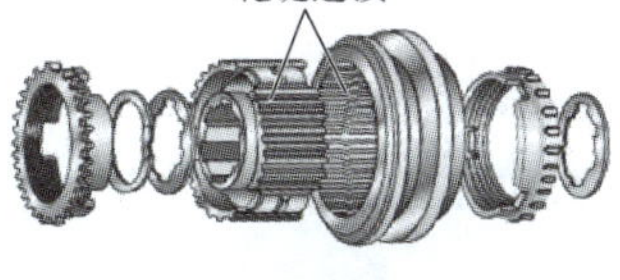
按连接件能否无损拆卸分类	可拆卸连接	拆卸时不会损坏连接件，如键连接、花键连接、螺纹连接、销钉连接等	
	不可拆卸连接	拆卸将会破坏连接件，如焊接、铆接、粘接等	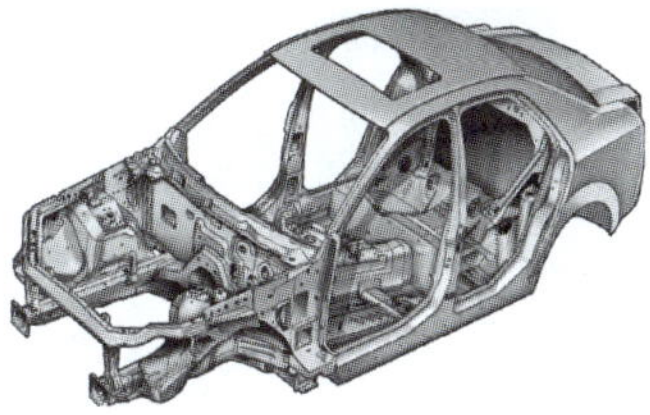

一、认识键连接

1. 键连接的作用

实现轴与轴上零件（轮毂）之间的周向固定，以传递转矩或实现轴上零件的轴向固定或轴向移动。常见键连接在汽车上的应用方式如图4-16所示。

图4-16　键连接在汽车中的应用

2. 键连接的类型及标号

1）键连接类型

常见的键连接包括平键连接（见图4-17）、半圆键连接（见图4-18）、楔键连接（见图4-19）、切向键连接（见图4-20）和花键连接（见图4-21）。其中平键连接又根据键的结构特点可分为圆头[（又称A型，见图4-17（a）]、方头[（又称B型，见图4-17（b）]和单圆头[（又称C型，见

图4-17（c）]三种。A型键用铣刀加工轴上键槽，键在键槽中固定良好，但易引起应力集中现象。B型键用盘铣刀加工轴上键槽，克服了A型键的缺点，当键尺寸较大时，宜用紧定螺钉将键固定在键槽中，以防松动。C型键主要用于轴端与轮毂的连接。

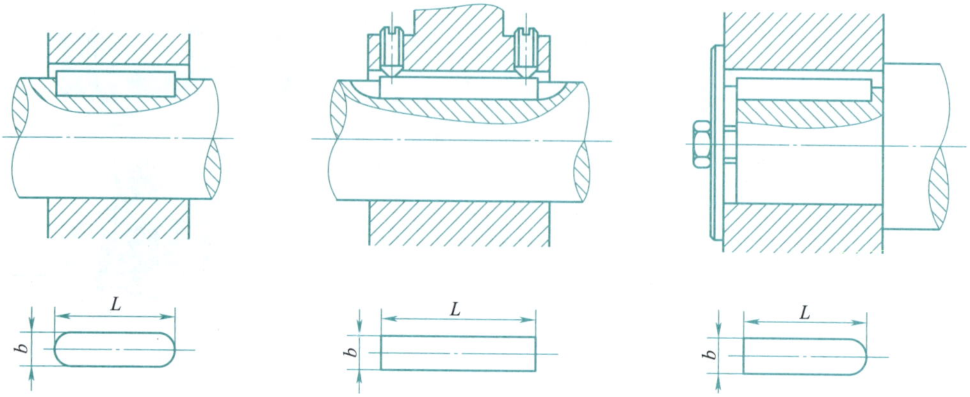

（a）A型　（b）B型　（c）C型

图4-17　平键连接

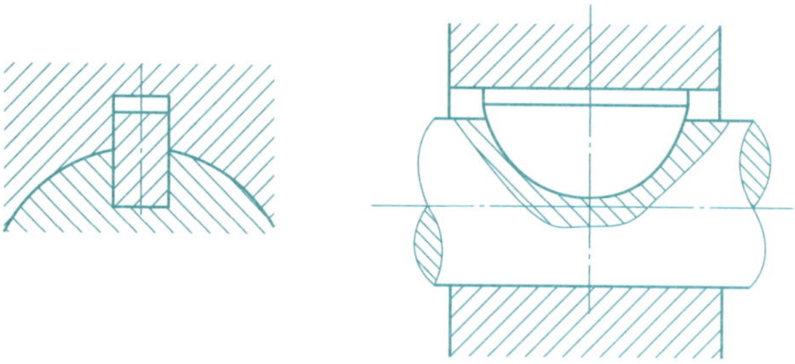

图4-18　半圆键连接

图4-19　楔键连接

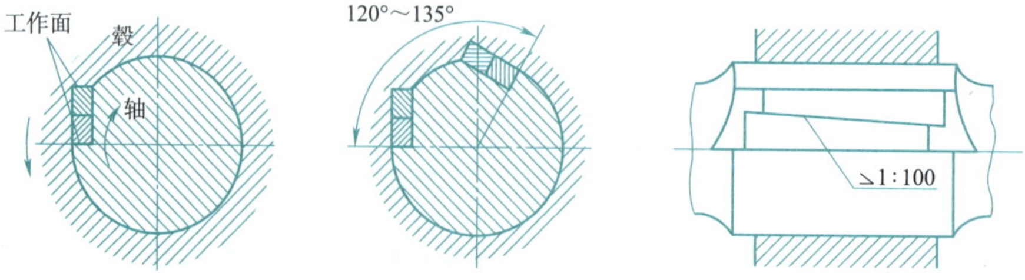

图4-20　切向键连接

图4-21　花键连接

2）键规格牌号

根据国家标准，键的规格牌号都有相应规定。规格尺寸包括键宽、键高、键长。具体的标记方式为：国标代号　名称　型号键宽 × 键高 × 长度。关于键和花键的具体画法可参阅机械制图相关步骤和方法，此处不再介绍。

例如：GB/T 1567　键　16 × 7 × 100 或 GB/T 1567　键　B16 × 7 × 100

3）花键规格牌号

根据花键断面结构可以把花键分为内花键和外花键，如图4-22所示。根据花键齿形可以分为矩形、三角形和渐开线花键。

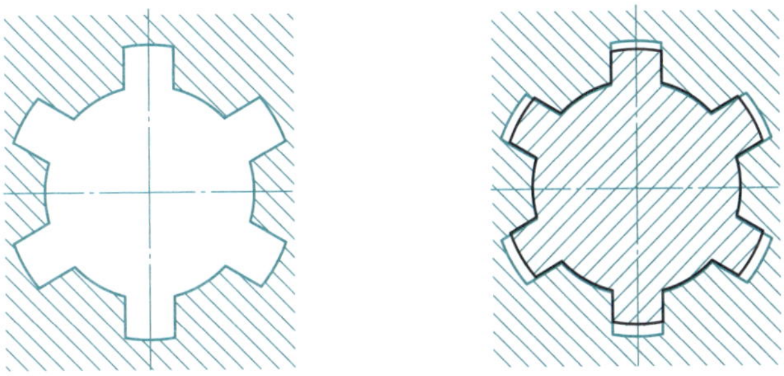

（a）内花键　（b）外花键

图4-22　花键断面图

花键的通用标识方法为

N（花键数量）× d（花键小径）× D（花键大径）× B（键宽）　国标代号

例如：花键　6 × 23 × 26 × 6　GB/T 1144—2001

3. 键连接特点及应用

在上述键连接中，每种键都有自己独特的特点。在日常应用时，要根据应用的工作场合及受力特点合理选择键的类型。常见键的类型、特点及应用见表4-3所示。

表4-3　常见键的类型、特点及应用

类型和标准		特性及应用	图　例
平键	普通型平键	平键的两侧面是工作面，靠键与键槽的侧面挤压传递扭矩。平键连接具有结构简单、拆装方便、对中良好等优点	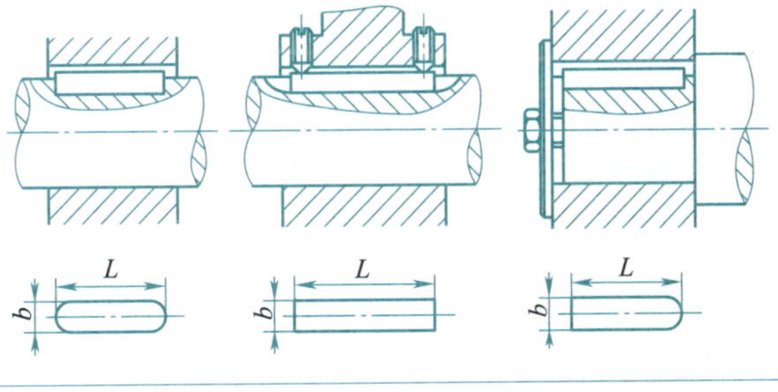

续表

类型和标准		特性及应用	图例
平键	导向型平键	导向型平键一般用于动连接。其特点是键较长，键与轮毂的键槽采用间隙配合，故轮毂可以沿键轴向滑动（如变速箱中滑移齿轮与轴的动连接）	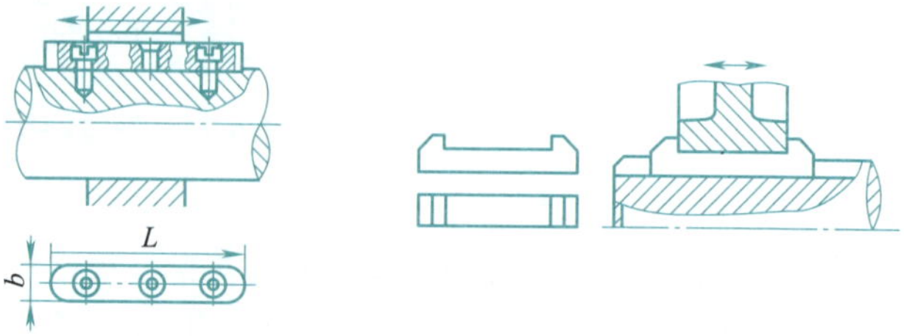
半圆键		半圆键用于静连接，其两侧面是工作面。优点是工艺性好，缺点是轴上的键槽较深，对轴的强度影响较大，所以一般多用于轻载情况的锥形轴端连接	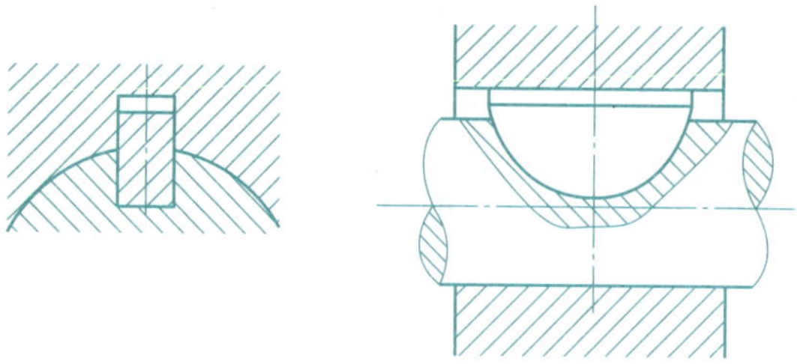
楔键	普通楔键	工作时，主要靠键、轴和毂之间的摩擦力传递转矩，同时还可以承受单向的轴向载荷，对轮毂起到单向轴向定位作用。缺点是楔紧后，轴和轮毂的配合产生偏心和倾斜。主要用于定心精度要求不高和低速的场合	
	钩头楔键		
	切向键	由两个斜度为1∶100的楔键组成，通常传递较大力矩。用于负载较大，对中要求不高的场合	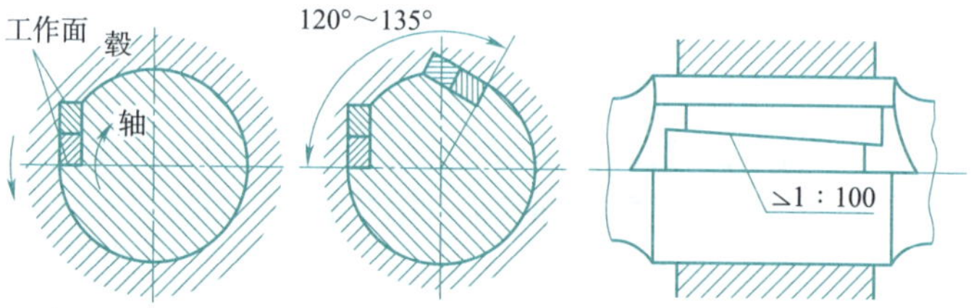
花键	矩形花键	加工方便，可采用磨削方法获得较高精度。广泛用于汽车等传动装置	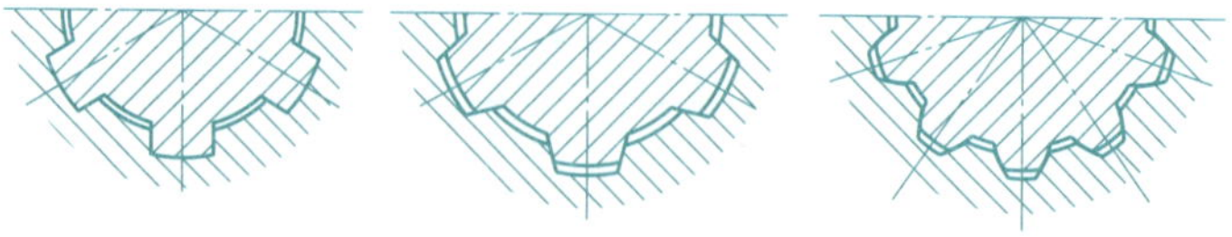
	渐开线花键	加载时承受径向力，可自动定心，受力均匀。适用于载荷较大，定位精度较高的场合	

二、认识联轴器

汽车组成部件中有很多旋转部件进行动力传递，而要保证在传递运动和动力过程中相关部件一同回转不脱开，就必须使用联轴器。如汽车传动轴就是典型的联轴器在汽车上的应用，通过传动轴可以将变速器的动力传递到驱动车轮上，从而驱动车辆前进或后退。

视　频

认识联轴器

1. 联轴器的作用

联轴器是连接两个轴或者连接轴和回转件的部件，主要用于传递动力和转矩并保证联轴器和被连接件一起旋转不脱开。有些挠性联轴器除了能够起到传递动力的作用还能起到缓冲减振和补偿两轴线相对位移的作用。

2. 联轴器的类型及要求

一般情况下，联轴器按照其结构特征可分为刚性联轴器和挠性联轴器两大类。二者都具有传递动力和转矩的作用，但因结构不同，又各有特点和要求。

1）刚性联轴器

刚性联轴器通过螺栓等刚性连接，不具有缓冲性和补偿两轴线相对位移的能力，因此要求两轴的轴中心线严格对中。刚性联轴器的优点是结构较为简单，经济性较好，同时拆装、检修方便，两轴有较高的对中性，传递转矩较大，主要应用在振动很小、高速、刚性不大且对中性要求比较高的场合。在汽车中常用的刚性联轴器类型包括凸缘联轴器和万向联轴器等。

（1）凸缘联轴器。凸缘联轴器结构比较简单，精进性较好，能承受较大的载荷。但由于凸缘联轴器是刚性连接，因此不具备补偿两轴线的相对位移以及缓冲减振的能力，故只适用于连接的两轴能严格对中、载荷平稳的场合。在汽车上一般用于载重量较大的商用车辆的传动系统中。

（2）万向联轴器。万向联轴器能补偿较大的角位移，结构紧凑，使用、维护方便，广泛用于汽车、工程机械的传动系统中，其主要结构如图4-23所示。起关键作用的部件是十字轴。

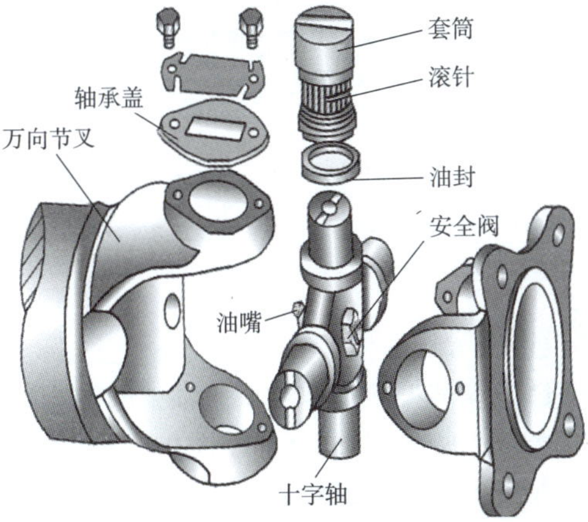

图4-23　万向联轴器

万向联轴器在汽车中的主要应用及特点见表4-4。

表4-4　万向联轴器在汽车中的主要应用及特点

安置位置	应用特点
变速器（或分动器）与驱动桥之间	一般FR型汽车变速器（或越野车的分动器）的输出轴线与驱动桥的输入轴线难以布置重合，并且汽车在负荷变化及在不平路面行驶时引起的跳动，将使驱动桥输入轴与变速器输出轴之间的夹角和距离发生变化
变速器与离合器或与分动器之间	为消除车架变形及制造、装配误差等引起的轴线同轴度误差对动力传递的影响，经常装有万向联轴器

续表

安置位置	应用特点
转向驱动桥和断开式驱动桥中	在断开式驱动桥中，主减速器壳在车架上是固定的，桥壳上下摆动，半轴是分段的，也须用万向联轴器
转向操纵机构中	某些汽车的转向操纵机构受整体布置的限制，转向盘轴线与转向器输入轴线不重合，因此在转向操纵机构中装有万向联轴器

2）挠性联轴器

主要依靠弹性元件的弹性变形适应变交角两轴间的传动。挠性联轴器制造简单、拆装方便，但由于受外界环境影响较大，因此寿命较短。汽车上一般用于传动扭矩较小的传动系统中，其典型结构如图4-24所示。

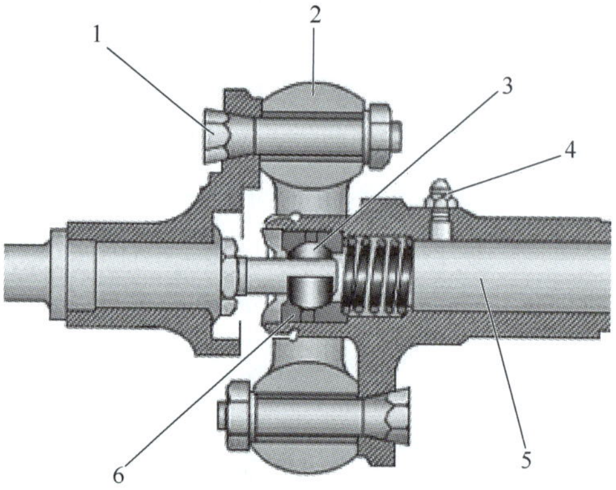

1—螺栓；2—橡胶；3—中心钢球；4—黄油嘴；5—传动凸缘；6—球座。

图4-24　挠性联轴器

三、认识轴承

视　频

滚动轴承的认识

轴承是汽车连接件中最常见的一种类型。轴承的主要功用：支撑轴及轴上零件，并保持轴的旋转精度；减少转轴与支承之间的摩擦和磨损。根据轴承工作时其支撑处相对运动表面的摩擦性质，轴承分为滑动摩擦轴承和滚动摩擦轴承两大类，分别简称滑动轴承和滚动轴承。

1. 轴承的类型和结构

1）滑动轴承的类型和特点

根据滑动轴承的结构特点，可将其分为整体式和剖分式。根据承受载荷的方向，可分为径向轴承、止推轴承和径向止推轴承。

（1）整体式和剖分式滑动轴承。整体式滑动轴承的优点是结构简单、造价较低；缺点是因磨损而造成的间隙不能调整，只能从沿轴端拆装。因此一般应用在低速、轻载或间歇性工作的机器中，具体结构如图4-25所示。

剖分式滑动轴承由于结构较为灵活，可以调整轴与轴瓦之间以及因磨损而造成的间隙，安装简单，一般用于安装空间较为复杂的地方。在汽车中发动机曲轴轴瓦就是典型的剖分式轴承，其主要目的是方便活塞连杆机构的拆卸及检修，具体结构如图4-26所示。

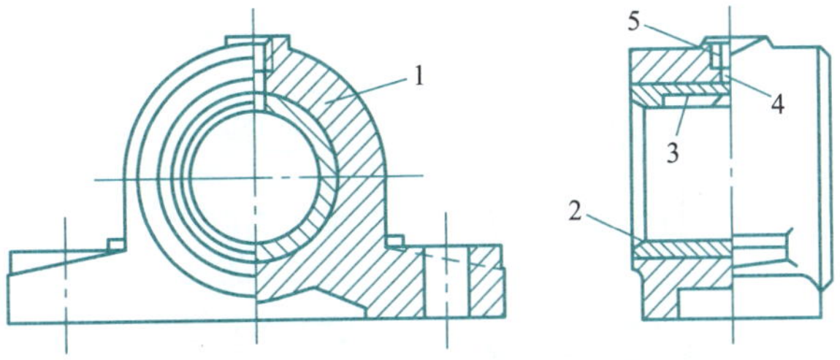

1—轴承座；2—整体轴套；3—油沟；4—螺纹孔；5—油杯孔。

图4-25　整体式滑动轴承

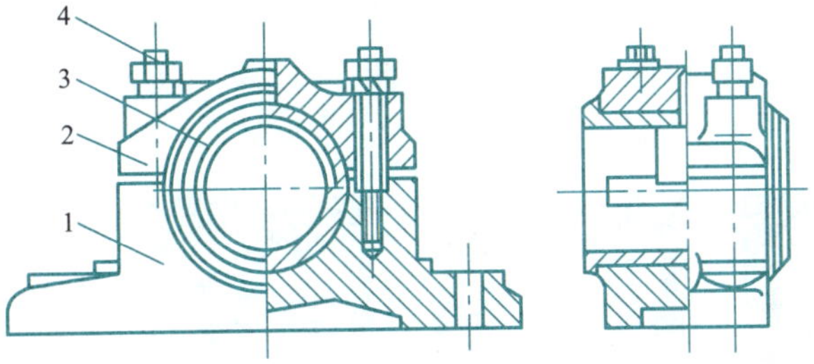

1—轴承座；2—轴承盖；3—剖分轴瓦；4—双头螺柱。

图4-26　剖分式滑动轴承

（2）径向滑动轴承、止推滑动轴承和径向止推滑动轴承。径向滑动轴承（又称向心滑动轴承）主要承受径向载荷。止推滑动轴承只能承受轴向载荷，常用的平面止推滑动轴承由于处于不完全润滑状态，需要与径向轴承同时使用，一般用于承受轴向力的场合。径向止推滑动轴承同时承受轴向载荷和径向载荷，如图4-27所示。

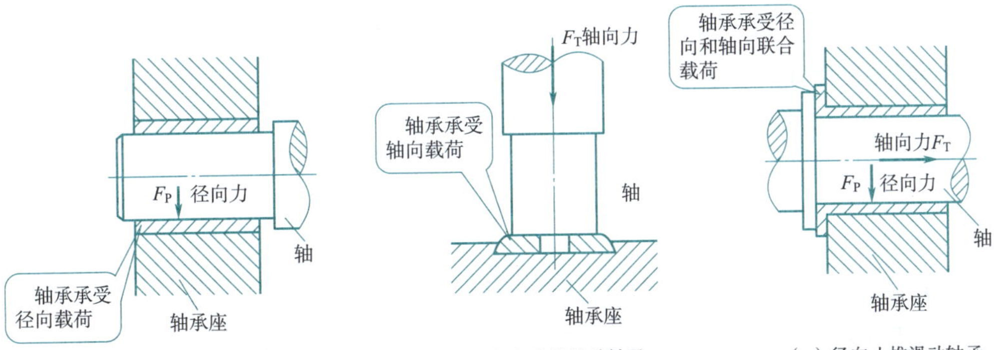

（a）径向滑动轴承　（b）止推滑动轴承　（c）径向止推滑动轴承

图4-27　滑动轴承类型

滑动轴承的特点：优点是承载力大、抵抗冲击能力强、运行噪声低、工作高速、稳定性较好；缺点是启动运行阻力大、检修维护较为复杂。润滑方式一般采用润滑脂、油绳及滴油型润滑方式，轴颈与轴承表面若得不到充足润滑，摩擦系数增大，导致磨损较大。

2）滚动轴承的结构和类型

（1）滚动轴承的结构。滚动轴承（见图4-28）的组成包括外圈、内圈、滚动体和保持架四部分。

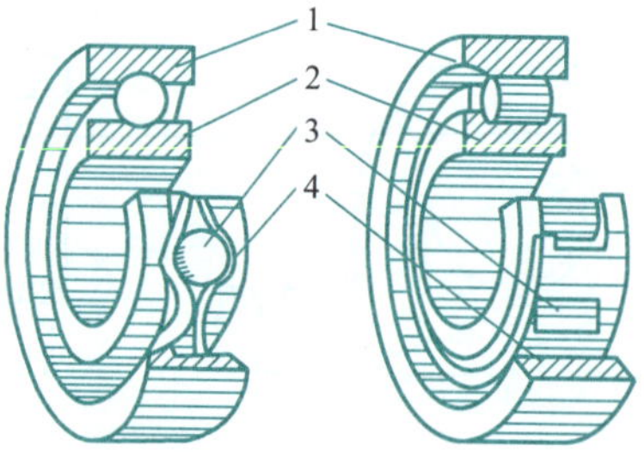

1—外圈；2—内圈；3—滚动体；4—保持架。

图4-28　滚动轴承结构

（2）滚动轴承的类型。滚动轴承根据其承受载荷方向（公称接触角）及滚动体不同，可以分为不同的种类。按照滚动轴承所能承受的主要负荷方向，可分为向心轴承、推力轴承和向心推力轴承；根据滚动体的形状可分为球轴承和滚子轴承。常见滚动轴承类型如图4-29所示。

（a）调心球轴承

（b）调心滚子轴承

（c）圆锥滚子轴承

（d）推力轴承

（e）深沟球轴承

（f）角接触球轴承

（g）圆柱滚子轴承

图4-29　滚动轴承类型

2. 轴承的性能比较及选择

1）滑动轴承的性能及选择

滑动轴承可以用在中低转速、径向定位精度较高、运转平稳性较好、噪声要求较低、经常启停转换的场合。

（1）径向滑动轴承的选用原则：轴承座的受力方向应该位于轴承中心线左右 ±35° 范围内；轴承允许通过轴肩承受不大的轴向载荷。

（2）止推滑动轴承的选用原则：止推滑动轴承在选用时首先要考虑该类型的轴承只能承受轴向载荷，同时结合该轴承的结构尺寸、特点及应用，最后通过验算，计算所选止推滑动轴承压强是否在该轴承所选材料的需用压强范围之内，从而选取空心止推轴承[见图4-30（a）]或环形止推轴承[见图4-30（b）~（d）]。

空心止推轴承的验算公式为

$$p=\frac{P}{\frac{\pi}{4}(d_2^2-d_1^2)z}\ll p_P$$

式中　p——轴承承受压强，MPa；

P——轴承承受的轴向力，N；

d_2——轴承环形工作面外径，mm；

d_1——轴承环形工作面内径，mm；

z——环的数目；

p_p——轴承的许用压强，Mpa。

环形止推轴承的验算公式为

$$pv=\frac{pn}{60\ 000\ bz}\ll(pv)_p$$

式中 b——轴承环形工作面宽度，mm；

n——轴颈的转速，r/min；

v——轴颈的圆周速度，m/s；

$(pv)_p$——需用pv值，MPa。

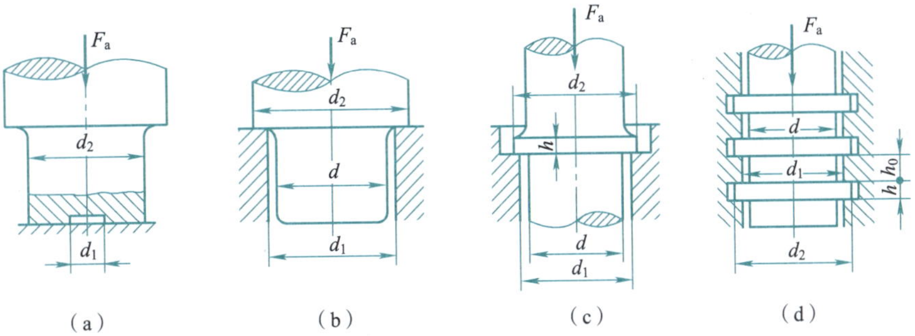

图4-30 止推滑动轴承

2）滚动轴承的性能及选择

滚动轴承具有效率高、启动灵敏、润滑简便和易于互换等优点，在汽车中得到广泛应用。在考虑滚动轴承的性能时主要考虑滚动轴承的载荷方向、限制轴向位移能力、额定动载荷比、调心性、转速表、刚度以及噪声振动等方面的性能。

在选择滚动轴承时，要综合考虑多种因素，以选取合适的轴承。具体选择原则如下：

（1）允许空间的大小。

（2）根据轴承工作时承受载荷的大小及方向。受纯径向载荷则选择向心轴承；受纯轴向载荷则选择推力轴承；同时受径向和轴向载荷则选择角接触轴承或滚子轴承。

（3）根据轴承工作时的转速。高转速选择球轴承，低转速大载荷选择滚子轴承。

（4）根据轴承刚性要求。如果要求轴承的刚性较大首选滚子轴承。

3. 轴承的代号

1）滑动轴承的代号

（1）整体滑动轴承代号。在−20~+80 ℃的工作环境下，整体滑动轴承代号为：HZd，H代表滑动轴承座；Z代表整体正座；d代表轴承内径，mm。例如，内径为30 mm的整体式有衬正滑动轴承座可记为：HZ030，轴承及轴承座其他尺寸可依据基本型号参阅《机械设计手册》。

（2）对开滑动轴承代号。在−20~+80 ℃工作环境下，根据机械作业标准《对开式二螺柱正滑动轴承座　型式与尺寸》（JB/T 2561—2007），对开式螺柱正滑动轴承座可标识代号为：Hnd，H代表滑动轴承座；n代表螺柱数量，常见n为2或4；d代表轴承内径，mm。例如，内径为50 mm的对开式二螺柱正滑动轴承座可记为：H2050，轴承及轴承座其他尺寸可依据基本型号参阅《机械设计手册》。内径为100 mm的对开式四螺柱正滑动轴承座可记为：H4100，轴承及轴承座其他尺寸可依据基本型号参阅《机械设计手册》。

2）滚动轴承的代号

滚动轴承的代号从左向右由前置代号-基本代号-后置代号三部分组成。具体组成及含义见表4-5。

表4-5　滚动轴承的代号组成及含义

<table>
<tr><td>前置代号</td><td colspan="5">基本代号</td><td colspan="8">后置代号</td></tr>
<tr><td rowspan="3">轴承的分部件代号</td><td>5</td><td>4</td><td>3</td><td>2</td><td>1</td><td rowspan="3">内部结构代号</td><td rowspan="3">密封与防尘结构代号</td><td rowspan="3">保持架及其材料代号</td><td rowspan="3">特殊轴承材料代号</td><td rowspan="3">公差等级代号</td><td rowspan="3">游隙代号</td><td rowspan="3">多轴承配置代号</td><td rowspan="3">其他代号</td></tr>
<tr><td rowspan="2">类型代号</td><td colspan="2">尺寸系列代号</td><td colspan="2" rowspan="2">内径代号</td></tr>
<tr><td>宽度系列代号</td><td>直径系列代号</td></tr>
</table>

（1）滚动轴承前置代号表示成套轴承的分部件，部分示例见表4-6。

表4-6　滚动轴承前置代号的部分示例

代　　号	含　　义	示　　例
F	凸缘外圈的向心球轴承（适用于$d \leqslant 10$ mm）	F 618/4
L	可分离轴承的可分离内圈或外圈	LNU 207
R	不带可分离内圈或外圈的轴承	RUN 207
WS	推力圆柱滚子轴承座圈	WS 81107

（2）基本代号表示轴承的基本类型、结构和尺寸，是轴承代号的基础，由轴承类型代号、尺寸代号及内径代号构成。

①滚动轴承类型代号见表4-7。

表4-7　滚动轴承类型代号

轴承类型	代　　号	轴承类型	代　　号
双列角接触球轴承	0	深沟球轴承	6
调心球轴承	1	角接触轴承	7
调心滚子轴承和推力调心滚子轴承	2	推力圆柱滚子轴承	8
圆锥滚子轴承	3	圆柱滚子轴承	N
双列深沟球轴承	4	外球面球轴承	U
推力球轴承	5	四点接触球轴承	QJ

②尺寸代号。滚动轴承的尺寸系列代号表示滚动轴承的宽度和直径的系列代号，部分型号的具体参数见表4-8。

表4-8　部分滚动轴承宽度和直径的系列代号

直径系列代号	向心轴承								推力轴承			
	宽度系列代号								高度系列代号			
	8	0	1	2	3	4	5	6	7	9	1	2
	尺寸系列代号											
0	—	00	10	20	30	40	50	60	70	90	10	—
1	—	01	11	21	31	41	51	61	71	91	11	—
2	82	02	12	22	32	42	52	62	72	92	12	22
3	83	03	13	23	33	—	—	—	73	93	13	23

③内径代号。表明滚动轴承的所属内径尺寸系列，但不代表具体的轴承内径，需要根据内径系列代号，通过查表获得该滚动轴承的具体内径尺寸。常见内径代号的规则见表4-9。

表4-9　常见内径代号的规则

公称内径		内径代号	示　例
0.6～10（非整数）		用内径毫米数直接表示，与其他符号用/隔开	深沟球轴承 618/2.5，d=2.5 mm
1～9（整数）		用内径毫米数直接表示，对深沟球轴承及角接触轴承的7、8、9系列，内径与尺寸系列代号之间用/分开	深沟球轴承 618/5，d=5 mm
10～17	10、12 15、17	00、01、02、03	深沟球轴承 6200，d=10 mm
20～480 （22、28、32除外）		公称直径除以5的商。商为个位时，在商左边加0，如08	调心滚子轴承 23208，d=40 mm
大于或等于500 及22、28、32		用内径毫米数直接表示，内径与尺寸系列代号之间用/分开	调心滚子轴承 230/500，d=500 mm

任务评价

评价内容	分　值	评价细则	量化分值	得　分
信息收集和自主学习	20分	明确任务	3分	
		制订合适的学习计划	3分	
		独立进行信息收集	3分	
		充分利用现有的学习资源	5分	
		利用工具解决问题	3分	
		排除学习干扰，能够自我监督与管控	3分	

续表

评价内容	分值	评价细则	量化分值	得分
认识键连接	20分	掌握键连接作用	5分	
		掌握键连接类型及标号	10分	
		掌握键连接特点及应用	5分	
认识联轴器	20分	掌握联轴器的作用	10分	
		掌握联轴器的类型及要求	10分	
认识轴承	30分	掌握轴承的类型和结构	10分	
		掌握轴承的性能比较及选择	10分	
		掌握轴承的代号识别	10分	
职业素养与职业规范	10分	学习态度	3分	
		团队合作	4分	
		5S管理意识	3分	
总计	100分			

思考与练习

认真观察汽车发动机、汽车变速器及汽车底盘，列举键、花键、联轴器、轴承在汽车中的具体应用。

单元五

汽车液压传动

目前在机械行业中广泛应用的传动方式主要有机械传动、电气传动、气压传动以及液压传动，这四种传动方式的性能各自具有其独特的特点。其中液压传动凭借输出力矩大、传动速度高、质量功率比小、相应特性高以及无级调速特性较好、容易实现远程操作等独特的技术优势，越来越多地应用在汽车、工程车辆等领域。

1650年，布莱士·帕斯卡提出了静压传递的工作原理，1850年英国科学家将帕斯卡定律应用于液压起重机、压力机等设备。液压技术在20世纪60年代以后才开始迅速发展起来，同时伴随着计算机技术的迅猛发展，液压系统控制技术开始得到飞速发展。

学习目标

1. 掌握液压系统的基本组成及工作原理；
2. 理解液压系统的控制方式；
3. 掌握液压系统各种典型组成元件的结构及作用；
4. 掌握液压系统各种回路的作用及特性；
5. 培养学生传承攻坚克难精神，树立勇攀技术高峰的信念。

任务一　认识液压传动系统

视　频

液压系统的认识

任务目标

1. 能够叙述液压系统的组成及原理；
2. 能够列举液压传动系统的重要参数及控制方式；
3. 能够读懂并绘制液压元件的职能符号。

任务描述

观察自卸车辆在翻斗卸货时（见图5-1）的工作情况，说出该自卸车辆液压系统的组成及工作原理，列举液压传动系统的重要参数并绘制液压元件的职能符号。

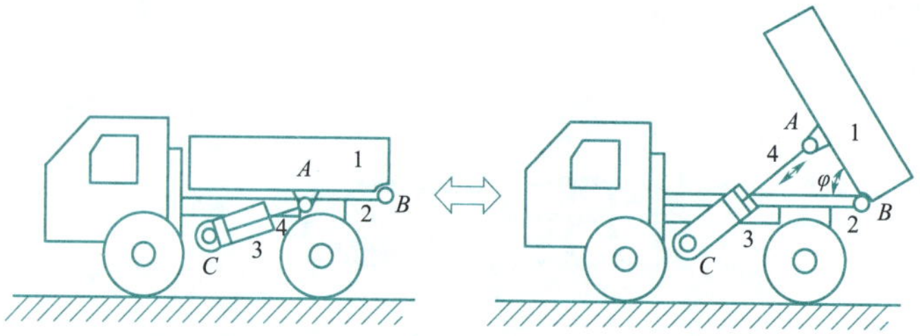

1—车厢；2—车架；3—液压缸；4—活塞杆。

图5-1　自卸车辆翻斗卸货时的工作过程

任务分析

要想分析自卸车在翻斗卸货时液压系统的工作情况，就必须掌握液压系统的基本原理和知识。例如，液压系统的基本组成和原理、液压传动系统的重要参数及控制方式、液压元件的职能符号等知识点。

任务实现

一、液压传动的工作原理及组成

1. 液压传动的工作原理及参数

液压传动是利用液体的静压传动实现的。下面从汽车上常用的液压千斤顶（见图5-2）的工作过程认识液压系统的工作原理。

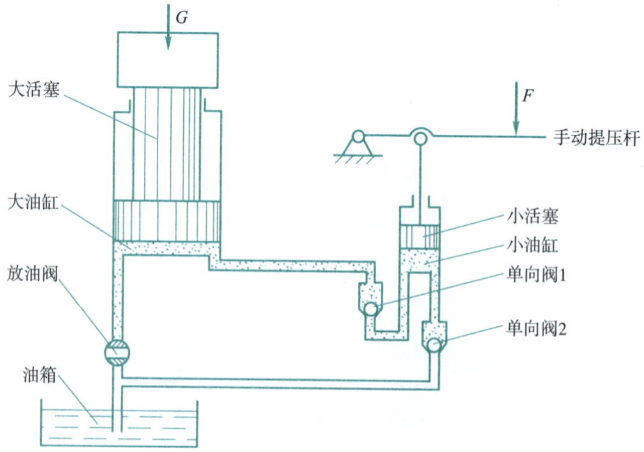

图5-2　液压千斤顶

液压千斤顶的工作按照实际过程可分为上升过程和下降过程两个阶段。为了方便计算，首先要对上述系统做一些理想化处理。即假设上述系统不考虑泄漏、不考虑液体的阻力、不考虑液压油分子间隙变化、不考虑液压油在工作过程中的能量损失因素。

1）千斤顶上升过程

千斤顶上升过程可以分为两个阶段完成。

（1）向上抬起手动提压杆吸油过程。根据图5-2所示，向上抬起手动提压杆时，右腔小活塞随之上行，小活塞下方小油缸容积变大，单向阀1关闭。此时小油缸内由于容积变大造成内部油压减小，在内外压差的作用下，油箱中的油会顺着油管被吸入小油缸。根据杠杆原理有：

$$F \times L = F_{\mathrm{h}} \times L_1$$

式中　F——施加在手动提压杆上的力，N；

L——手动提压杆的长度，m；

F_{h}——小活塞杆作用在手动提压杆上的力，N；

L_1——小活塞杆到支点的距离，m。

由于$L_1<L$，可得$F_{\mathrm{h}}>F$。

（2）向下压下手动提压杆排油过程。根据图5-2所示，向下压下手动提压杆时，右腔小活塞随之下行，单向阀2关闭，小活塞下方小油缸容积变小，造成内部油压迅速上升，推开单向阀1，高压油经过油管进入左侧大油缸内部，推动大活塞克服重力作用上升。由于不考虑液体的泄漏，则根据帕斯卡定律，左右两侧油液的压强相等。根据帕斯卡定律有：

$$P = \frac{F}{A_2} = \frac{G}{A_1}$$

式中　P——密闭系统的压力，N；

A_1——大活塞面积，m^2；

A_2——小活塞面积，m^2；

G——负载的重量，N。

根据上式可知，当G=0时，P=0，即密闭系统的油压取决于负载的大小。由于$A_1>A_2$，可得$G>F$。

由于不考虑液体的分子间隙和液体的泄漏，按照左右腔容积变化的原理有：

$$A_1S_1=A_2S_2$$

式中　S_1、S_2——大、小活塞的位移行程，m。

将上式两边同时除以时间t，则有：

$$A_1\frac{S_1}{t} = A_2\frac{S_2}{t}$$

进一步变换得到：

$$A_1v_1=A_2v_2=q$$

式中　v_1、v_2——小、大活塞的运动速度，m/s；

q——液体的流量，mL/s。

2）千斤顶下降过程

根据图5-2所示，当需要放下重物时，开启放油阀，此时大活塞腔通过油管与油箱相通，大活塞在重物作用下下移，回到最低位置。

2. 液压传动系统的组成

根据上述液压千斤顶的工作过程可知：千斤顶将压杆的机械能转化为液压油的压力能输入，再将液压能转化为机械能输出。要完成此液压系统，必须具备基本的组成单元，即动力元件（此处为压杆，一般采用液压泵）、执行元件（此处为大活塞，一般为液压缸或马达）、控制元件（各种控制阀，此处为单向阀1、单向阀2、回油阀）、辅助元件（油管、过滤器等）、工作介质（液压油等）组成。除此之外，还要保证系统具备循环可变的容积、配油装置、油箱与大气相通才能实现。

二、液压传动系统的图形符号

液压传动系统有很多表示方法，其中常见的有装配图、原理图以及职能符号图三种。

1. 液压结构装配图

此种方法的优点是可以清晰展示液压系统的外观尺寸、装配关系等方面，但是也存在绘制较为复杂、不能准确展现各个组成元件功能的缺点。因此，此种方法多用在实验装配、检验维修的场合。

2. 液压结构原理图

结构原理图比较接近于实物图，可以理解为实物的剖视图。其优点是能够让人较为容易理解系统的结构、工作原理等，但由于绘制较为复杂、无法准确表达组成元件的实际结构、尺寸等方面，一般也只用在理论分析和研究中。

3. 液压元件职能符号图

在液压系统中，最常用的是职能符号图。此种方法的基本原理是不考虑各元件的具体尺寸和原理，而重点考虑其功能，只要功能相同，就可以用同一个职能符号表达。职能符号是元件的功能而不表达元件的具体尺寸结构和安装位置，因此使得液压系统图简洁明了、容易识别。目前我国执行的液压元件职能符号标准为《流体传动系统及元件　图形符号和回路图　第1部分：图形符号》(GB/T 786.1—2021)。液压系统的组成元件及符号见表5-1。

表5-1　液压系统的组成元件及符号

组成元件			职能符号	实　物	作　用
动力元件	液压泵	定量泵			将其他形式的能量转化为液体压力能，输出具有一定压力的油液
		变量泵			

续表

组成元件			职能符号	实　物	作　用
执行元件	马达		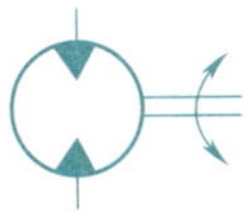		把液体压力能转换为机械能驱动负载进行运动
	油缸		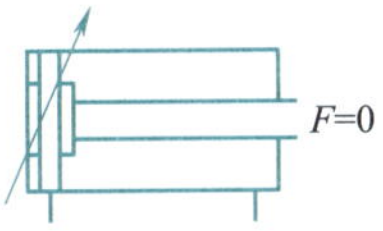	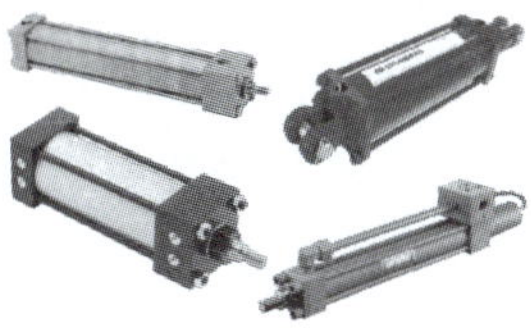	
控制元件	控制阀	方向阀	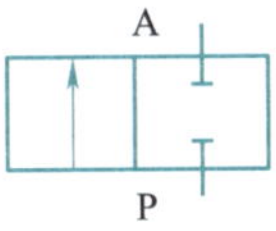		根据系统要求，调节从动力元件到执行元件的液体压力、方向和流量
		压力阀	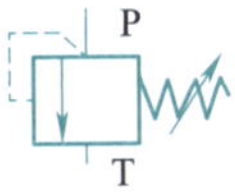		
		流量阀			

续表

组成元件		职能符号	实　　物	作　　用
辅助元件	油箱			用于储存、过滤油液，以及储存、释放液压能
	过滤器			
	蓄能器			

三、液压传动系统的特点

（1）优点：液压系统在各种传动系统中有其独特的优点，包括传动较为平稳，可以实现无级调速；可以实现远距离控制和传输，不受距离限制；比较容易获得较大的力或力矩；能和电控系统结合，实现精准自动控制。

（2）缺点：油液容易泄漏，造成污染环境；对液压系统元件质量的要求较高；效率较低；故障排除较为困难。

任务评价

评价内容	分　　值	评价细则	量化分值	得　　分
信息收集和自主学习	20 分	明确任务	3 分	
		制订合适的学习计划	3 分	
		独立进行信息收集	3 分	
		充分利用现有的学习资源	5 分	
		利用工具解决问题	3 分	
		排除学习干扰，能够自我监督与管控	3 分	
液压系统的组成及原理	30 分	理解液压系统的工作原理	6 分	
		掌握液压系统的工作参数	12 分	
		掌握液压系统的结构组成	12 分	
液压系统的图形符号	30 分	掌握液压系统图形符号的识读方法	15 分	
		掌握液压系统图形符号的绘制方法	15 分	
液压系统的特点	10 分	了解液压系统的优点	5 分	
		了解液压系统的缺点	5 分	
职业素养与职业规范	10 分	学习态度	3 分	
		团队合作	4 分	
		5S 管理意识	3 分	
总计	100 分			

思考与练习

认真观察汽车上液压系统的应用，并说明其工作结构的组成和原理。

任务二　认识液压传动系统的典型元件

视　频

液压元件的认识

任务目标

1. 能够叙述各种形式液压泵的组成及原理；
2. 能够识别各种形式液压缸的类型并叙述其原理；
3. 能够识别各种形式控制阀的类型并叙述其原理。

任务描述

观察汽车的ABS（防抱死制动）系统（见图5-3）在工作时各个阶段的工作情况，分析ABS液压系统用到了哪些典型部件？各个组成部件是如何完成各自工作任务的？

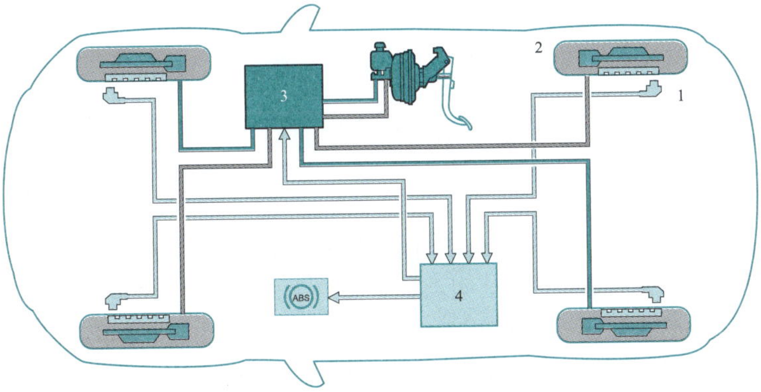

1—车速传感器；2—制动钳；3—ABS液压调节器；4—ABS模块。

图5-3　ABS布置原理图

任务分析

汽车的ABS系统是液压系统在汽车中的典型应用。掌握ABS液压系统的结构、工作过程及原理对于理解和掌握液压系统具有十分重要的意义，想要分析ABS液压系统首先要掌握液压系统中各种组成元件的结构和工作原理。

任务实现

一、液压泵

1. 液压泵的工作原理

液压泵是液压系统中把其他元件（如发动机、电动机等）的机械能转化为液体的液压能，并且以一定流速、压力驱动其他元件运动的元件。

2. 液压泵的主要参数

液压泵的主要参数及含义见表5-2。

表5-2　液压泵参数表

参数名称		符　号	单　位
压力		p_p	Pa
转速		n_p	r/min
排量		V_p	m^3/r
流量	理论流量	q_{pt}	m^3/s或L/min
	实际流量	q_p	
	额定流量	q	
功率	输入功率	P_i	W
	输出功率	P_o	
效率		η_P	无量纲

3. 液压泵的类型

液压泵有很多种分类方法，按照泵的结构可以分为齿轮泵、转子泵、叶片泵、柱塞泵等；按照泵的工作特征可以分为定量泵、变量泵、比例调节泵等。液压泵的职能符号、类型及作用见表5-1。

1）齿轮泵

齿轮液压泵，简称齿轮泵，通过泵体内部相互啮合的齿轮将泵体内部分为左右互不相通的独立腔体。按照泵体内部齿轮的啮合形式，可将齿轮泵分为外啮合泵和内啮合泵两种类型。

（1）外啮合泵。外啮合泵剖视图如图5-4所示。当外啮合泵按照图5-4所示箭头方向转动时，左侧齿轮有相互分开的趋势，造成左侧容积变大，左侧液体压强下降，当左侧容积压强低于外界油压时，在内外压差的作用下，油箱的油进入左侧容积，形成吸油过程。

随着齿轮的转动，密封在啮合齿轮间的油被带到右腔，随着齿轮的继续转动，齿轮相互啮合造成右侧容积有减少的趋势。此时相互啮合齿轮间的油被挤压到右侧腔体，排出泵体，形成排油过程。随着齿轮的不断转动，左右两侧腔体不断完成吸油、排油的过程，如此循环往复，油箱的液压油即可通过液压泵不断排出腔体。

（2）内啮合泵。内啮合泵与外啮合泵的区别在于啮合齿轮位置的不同，内啮合泵包括从动齿轮、小齿轮、月牙板等结构，其剖视图如图5-5所示。

内啮合泵的原理为：当外力带动小齿轮顺时针转动时，由于齿轮啮合，外侧的从动齿轮也会随之同向顺时针转动，造成上侧吸油腔容积变大，内部压强降低，外界液压油从油箱流入吸油腔，完成吸油过程。

被吸入的液压油经过月牙板后进入下侧的压油腔，由于齿轮的啮合，下侧压油腔容积不断变小，油压升高将液压油随之排出，完成排油过程。

2）叶片泵

叶片泵是叶片液压泵的简称，由于叶片泵具有噪声小、工作平稳、效率高等优点，应用较为广泛，但叶片泵的结构较为复杂，转速相对较低，一般转速范围控制在700~2 000 r/min。通常按每转吸、排油次数不同，分为单叶片泵和双叶片泵两种类型。

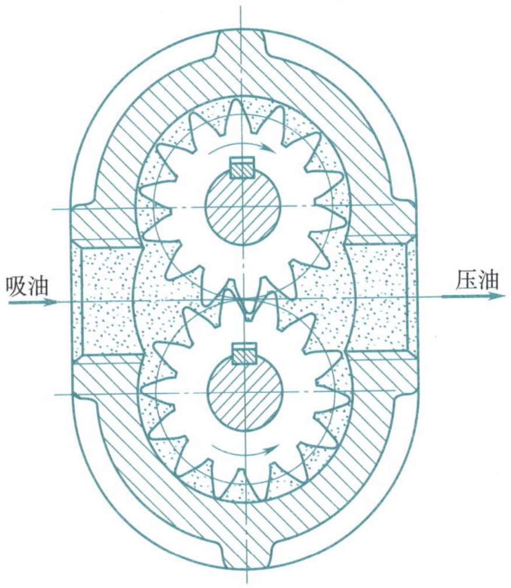

图5-4　外啮合泵剖视图

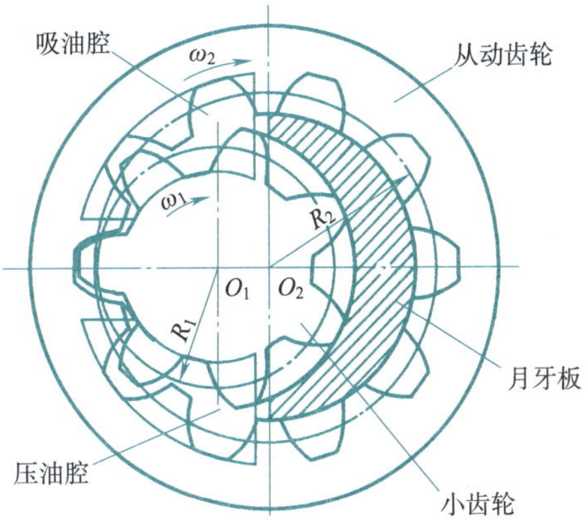

图5-5　内啮合泵剖视图

（1）单叶片泵。指泵在每转过程中吸、排油的次数为一次。单叶片泵主要由配流盘、转子、定子、叶片组成，剖视图如图5-6所示。定子内表面为圆柱面，转子与定子不同心安装，安装在转子的叶片槽内，可自由滑动。

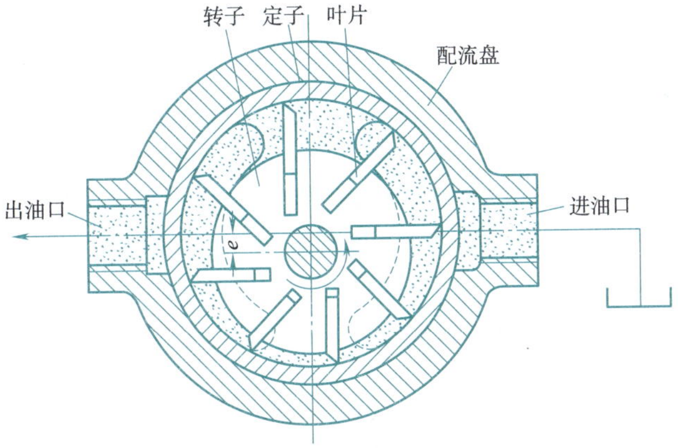

图5-6　单叶片泵剖视图

当转轴带动转子沿逆时针方向转动时，右侧叶片在离心力的作用下沿着滑槽滑出，与定子内表面、转子、配流盘形成密封腔体。根据图5-6可知，逆时针转动时密封腔体容积不断增大，产生真空，液压油通过配流盘上的进油口吸入密封腔，完成吸油过程。随之转子进一步沿逆时针转动，密封腔的容积开始不断变小，油压升高，从而从配流盘上的排油孔将液压油排出。由此可见，在转子转动一周的过程中完成了一次吸油和一次排油的过程，因此被称为单叶片泵。

（2）双叶片泵。双叶片泵和单叶片泵的基本工作原理类似，但是其具体结构有着较大区别。双叶片泵也是由配流盘、转子、定子、叶片组成，但是定子与转子是同心安装，同时定子内表面制作成近似于椭圆的结构形状，即其内部存在两个半径较大的圆弧、两个半径较小的圆弧以及四段过渡圆弧，剖视图如图5-7所示。

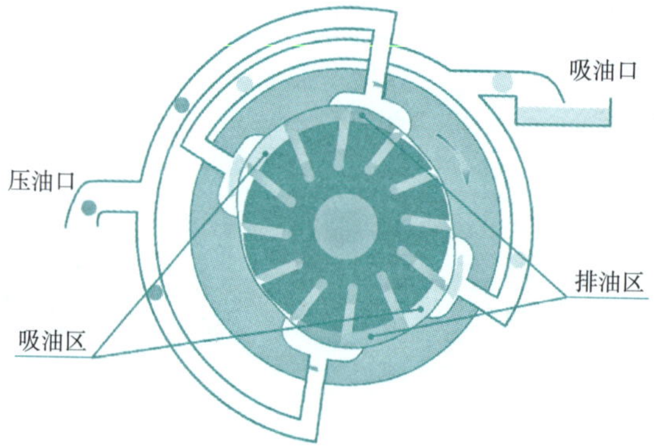

图5-7 双叶片泵剖视图

根据图5-7可知，在泵内部存在右上角和左下角两个排油区，存在左上角和右下角两个吸油区。因此，在转子转动一周的过程中，就会完成两次吸油和排油过程，因此被称为双叶片泵。

需要注意的是，为了保证在运转过程中，叶片能够顺利从槽中滑出，减少叶片的压力角，单叶片泵和双叶片泵的叶片安装方向和角度是有区别的。单叶片泵的叶片安装角度沿着旋转方向向后倾斜一个安装角度，双叶片泵的叶片安装角度沿着旋转方向向前倾斜一个安装角度，由于叶片有安装倾角，不得随意反转，否则可能将叶片折断。通常叶片的前倾角可取10°~ 14° 。

3）柱塞泵

柱塞泵利用柱塞在有柱塞孔的缸体内作往复运动，使密封容积发生变化从而实现吸油和压油。按柱塞排列方向不同，可分为轴向柱塞泵和径向柱塞泵两种类型。

（1）轴向柱塞泵。指各柱塞的轴线平行于缸体轴线排列的一种柱塞泵。轴向柱塞泵按泵的结构可分为斜盘式和斜轴式两种，下面重点介绍斜盘式柱塞泵。

斜盘式柱塞泵也是利用旋转过程中容积不断变化而完成的，剖视图如图5-8所示。斜盘式柱塞泵主要由斜盘、缸体、传动轴、压缩弹簧、柱塞、腰型配油盘组成。其中，柱塞沿着缸体均匀周布，内部通过压缩弹簧将柱塞压紧在斜盘上。在传动轴从图示位置带动缸体逆时针转动180° 的过程中，由于斜盘的倾斜布置，柱塞在离心力和弹簧的作用下将会逐渐伸出，使柱塞腔的容积逐渐变大产生局部真空，外部液压油通过腰型配油盘上的进油孔流入，完成吸油过程。

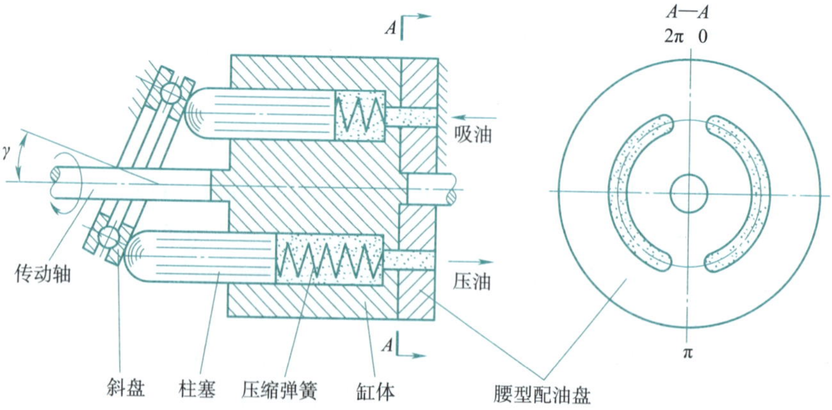

图5-8 斜盘式柱塞泵剖视图

在缸体从180° 转动到图示位置的过程中，由于斜盘的倾斜布置，柱塞将会逐渐缩入柱塞孔，使柱塞腔的容积逐渐变小，产生高压，内部储存的液压油通过腰型配油盘的排油孔向外排出，完成排油过程。随着缸体不断转动，斜盘式柱塞泵每转一周完成一次吸油和一次排油过程。

根据上述原理，实际上斜盘式柱塞泵在运作过程中的排量会产生脉动性，这与柱塞的个数有关。一般在选取时要综合考虑柱塞的数量和奇偶性，通常柱塞数量选取7个或9个。

（2）径向式柱塞泵。柱塞泵的柱塞相对于传动轴径向布置称为径向柱塞泵，其原理是通过不断改变柱塞的径向位移，从而改变柱塞孔的容积大小，实现吸油和排油过程，剖视图如图5-9所示。

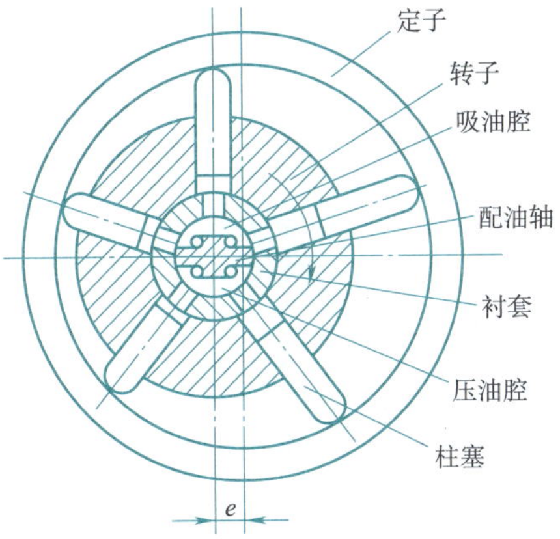

图5-9 径向柱塞泵剖视图

根据图5-9可知，径向柱塞泵由定子、转子、柱塞、衬套等组成。其中，定子固定不动，转子和定子偏心安置，随配油轴旋转。柱塞安装在转子均匀分布的柱塞孔内，外端与定子内表面组成密封腔室，当转子带动柱塞顺时针转动，柱塞绕经上半周时，由于偏心安装，柱塞将会逐渐伸出，形成局部真空，外部液压油通过衬套吸油孔将油吸入，完成吸油过程。当转子开始转动到下半周时，柱塞在定子内表面的作用下，缩回到柱塞孔，容积减小，内部油压变大，通过配油轴向外排油，完成排油过程。

需要注意的是，泵在工作过程中由于流量和压力脉动变化以及液压油内部混入空气、泵内部截面积突然变化等原因，会造成液压系统的噪声和冲击现象，可根据查找到的具体原因采取不同措施进行改善或消除。

二、液压缸

液压缸是将输入流体的流量和压力转化为直线运动或旋转运动，并且输出推力或力矩的元件。

1. 液压缸的工作原理

液压缸是将压力能转化为直线运动并输出一定推力（拉力）的执行元件，其工作原理如图5-10所示。

图5-10 液压缸工作原理图

2. 液压缸的主要类型

液压缸又称油缸，可按照液压缸的结构分为活塞缸、柱塞缸、摆动缸和伸缩缸；按照作用方式不同分为单作用缸和双作用缸。单作用缸指高压油只能从油缸的一侧进入推动活塞杆伸出，回程要靠外力或内部压缩弹簧回位；双作用缸指活塞腔两侧均有高压油进出，通过控制两侧高压油的流入流出方向即可控制活塞的运动方向。

常见液压缸的分类见表5-3。

表5-3　液压缸类型表

元件名称	元件符号	元件描述
单作用缸		在工作油液的作用下，液压缸活塞杆伸出，在外力作用下则回缩
双作用缸		在工作油液的作用下，液压缸活塞可双向移动，液压缸活塞上安装有磁环，用于驱动行程开关动作
		双作用液压缸带终端缓冲，在工作油液的作用下，液压缸活塞移动，终端缓冲可通过两个调节螺钉调节。液压缸活塞上安装有磁环，用于驱动行程开关动作
	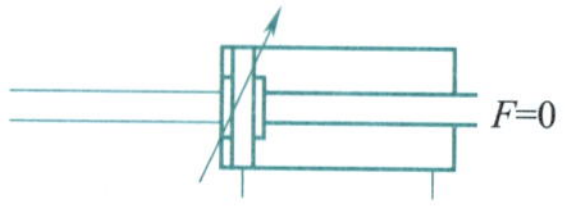	双作用液压缸，双端活塞杆，带终端缓冲，在工作油液的作用下，液压缸活塞移动，终端缓冲可通过两个调节螺钉调节。液压缸活塞上安装有磁环，用于驱动行程开关动作

3. 液压缸的主要结构参数

1）液压缸的主要结构

液压缸主要由缸体组件、活塞组件、密封装置、缓冲装置、排气装置等组成，其内部具体结构如图5-11所示。

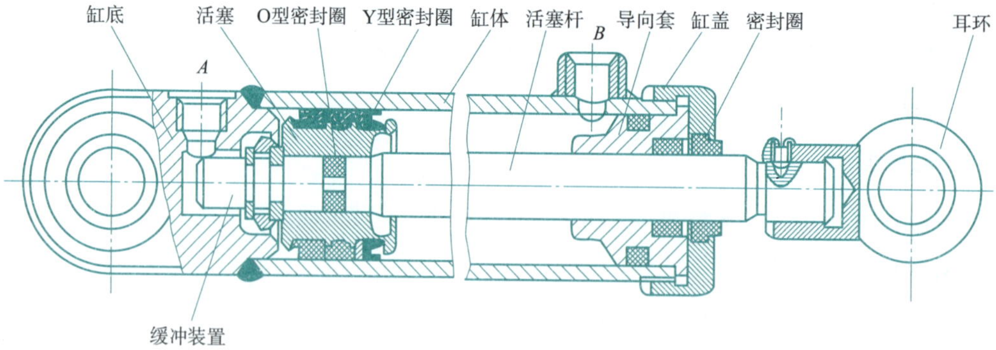

图5-11　液压缸结构组成图

液压缸的主要参数见表5-4。

表5-4　液压缸主要参数表

参数名称	参数单位
输出力	N
最大行程	m/cm/mm
活塞位置	m/cm/mm
活塞面积	$m^2/cm^2/mm^2$
活塞环面积	$m^2/cm^2/mm^2$
液压缸速比	无量纲

2）液压缸的主要参数计算

以双作用单杆活塞为例进行参数的推导和计算，双作用单杆活塞的受力分析如图5-12所示。

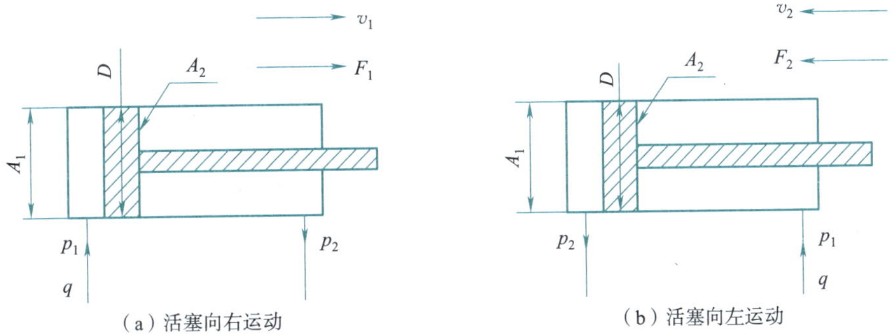

图5-12　双作用单杆活塞受力分析图

根据上图可知：

$$A_1=\frac{1}{4}\pi D^2$$

$$A_2=\frac{1}{4}\pi(D^2-d^2)$$

式中　A_1——活塞无杆腔有效作用面积，m^2；

A_2——活塞有杆腔有效作用面积，m^2；

D、d——活塞直径和推杆直径，m。

（1）当活塞向右伸出时：如图5-12（a）所示，左侧无杆腔进油，活塞向右伸出，假设伸出的速度和推力分别为v_1和F_1，则当不考虑容积效率和机械效率损失时，根据流体定理和力学定律可知：

$$v_1=\frac{q}{A_1}=\frac{4q}{\pi D^2}$$

式中　v_1——活塞伸出速度，m/s；

q——流量，mL/s。

$$F_1=(p_1A_1-p_2A_2)=\frac{\pi}{4}[p_1D^2-p_2(D^2-d^2)]$$

式中 F_1——液压缸的推力，N；

p_1、p_2——进油压力和回油压力，Pa。

（2）当活塞向左缩回时：此时右侧有杆腔进油，无杆腔回油，活塞向左缩回。当不考虑容积效率和机械效率损失时，活塞的缩回速度v_2和拉力F_2分别为

$$v_2=\frac{q}{A_2}=\frac{4q}{\pi(D^2-d^2)}$$

$$F_2=(p_1A_2-p_2A_1)=\frac{\pi}{4}[p_1(D^2-d^2)-p_2D^2]$$

根据图5-12可知$A_1>A_2$，所以$v_1<v_2$、$F_1>F_2$。

根据上述分析可知，当参数相同时，无杆腔进油时活塞伸出速度较慢，但是推力较大，反之则较小。通常定义活塞缩回和伸出速度之比为液压缸的速比。

三、控制阀

控制阀是液压系统中的控制元件，根据控制阀在液压系统中的作用可以分为方向控制阀、压力控制阀和流量控制阀；按照结构可以分为滑阀和转阀；按照操纵方式可以分为手动阀、机动阀和电动阀；按照控制方式可以分为伺服阀、数字阀、电液比例阀、开关阀等。

1. 方向控制阀

方向控制阀主要用于控制液压回路中液流的流动方向，按用途不同通常分为单向阀和换向阀两类。

1）单向阀

单向阀是控制油液只允许油液单向流动，不允许反向倒流的阀。根据单向阀控制方式的不同，常见的单向阀主要有普通单向阀和液控单向阀。

（1）普通单向阀。普通单向阀是保证液流只能沿着一个方向流动而不能反向流动的阀，又称止回阀，其作用类似于电路系统中二极管的作用。

普通单向阀的结构及符号见表5-5。

表5-5 普通单向阀的结构及符号

名称	符号	结构图	备注
单向阀		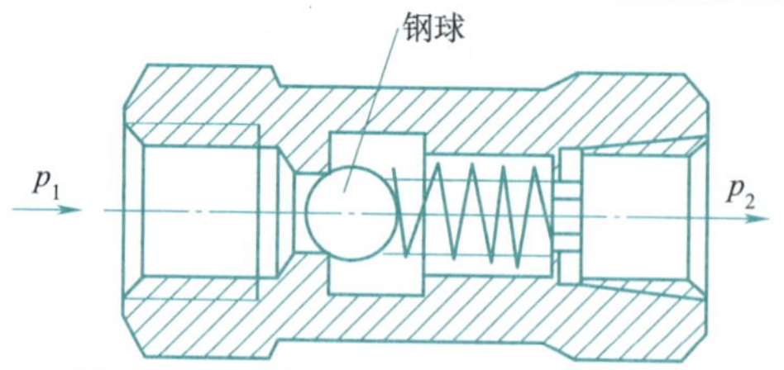	钢球式
		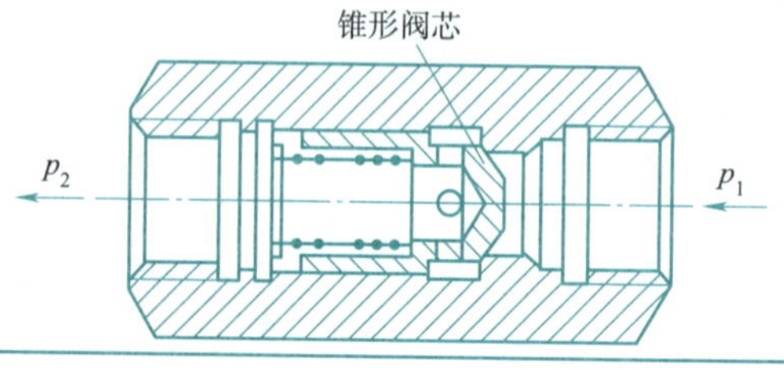	锥阀式

单向阀的工作原理如图5-13所示。当压力口P_1进油时，随着油压不断增大，克服弹簧弹力向上推开阀芯，打开通往排油孔通道P_2，此时单向阀处于打开状态；当液压油从排油口P_2反向流入时，无法推开阀芯，此时单向阀处于截止状态。

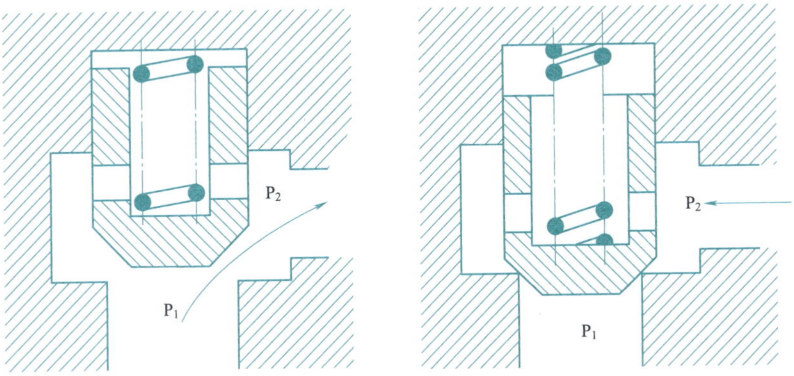

图5-13　单向阀工作原理图

（2）液控单向阀。液控单向阀是一种通过通入控制压力油打开阀芯实现液流反向流通的单向阀，由单向阀和液控装置两部分组成，可以根据需要实现液流的逆向流动。液控单向阀的结构及符号见表5-6。

表5-6　液控单向阀的结构及符号

名　　称	符　　号	结　构　图	备　　注
液控单向阀	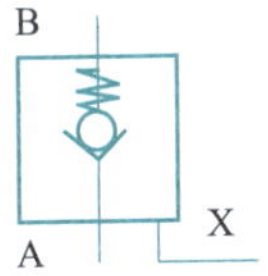	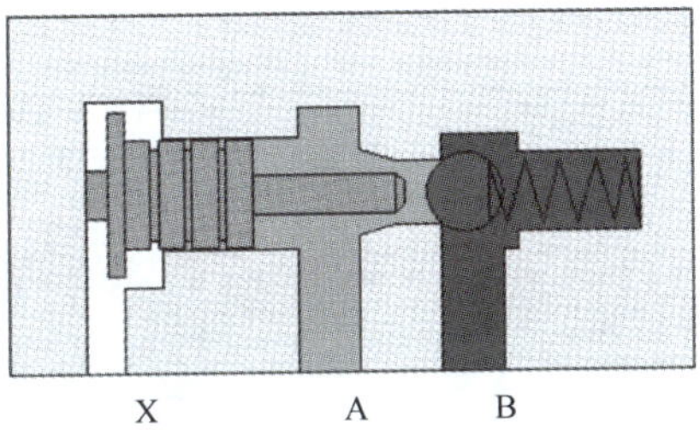	右图为正常A口进油，B口出油，此时为截止状态
		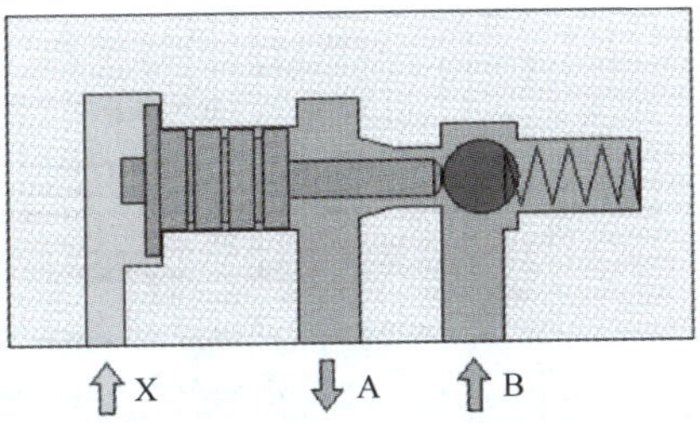	右图为正常B口进油，A口出油，此时控制口通入高压油，单向阀反向接通

根据表5-6可知，当A口进油、B口出油时，随着油压升高可以克服弹簧弹力推开阀芯，打开通往B口的通道，此时单向阀由A到B接通；若B口通入高压油，由于阀芯被压紧在阀座上，无法打开通往A口的油路，此时单向阀反向截止，功能和普通单向阀完全一致。若要反向也能流通油液，就需要在X控制口通入高压油，帮助推开阀芯，打开从B到A的通道，此时油路接通，单向阀反向接通。

2）换向阀

换向阀的原理是通过内部阀芯的滑动或转动改变油路的接通或断开。换向阀的种类很多，根据阀芯的结构可以分为滑阀和转阀；根据换向阀的控制方式可以分为手动换向阀、机动换向阀、液动换向阀、电控换向阀等。其中，滑阀在汽车中的应用最为广泛，下面以滑阀为例进行介绍。

（1）滑阀结构。滑阀指依靠内部阀芯沿轴向移动，从而改变液压回路接通或断开状态的一种控制阀，其内部结构主要是多段环形槽的圆柱体，如图5-14所示。

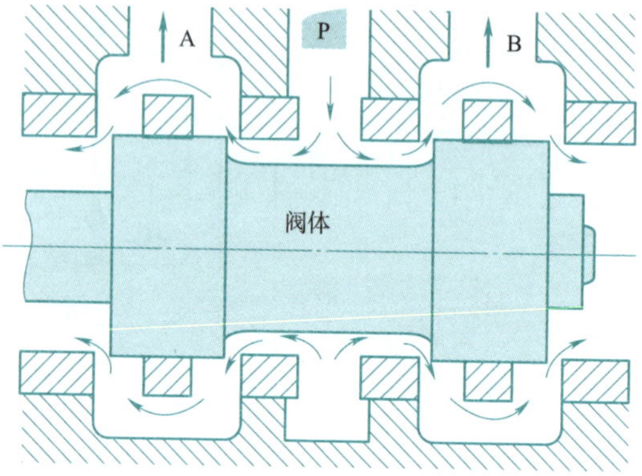

图5-14　滑阀内部结构图

（2）滑阀工作原理。滑阀通过内部阀芯的位置变换改变油路的走向，实行油路的接通与断开，以三位四通阀为例，其具体原理如图5-15所示。

图5-15（a）所示为阀芯处于居中位置，P口流入高压油无法通入其他接口，此时换向阀处于截止状态；图5-15（b）所示为阀芯右移，此时换向阀处于左位，P口流入高压油通过内部经由A口流出，P口与A口接通，B口与T口接通；图5-15（c）所示为阀芯左移，此时换向阀处于右位，P口流入高压油通过内部经由B口流出，P口与B口接通，A口与T口接通。

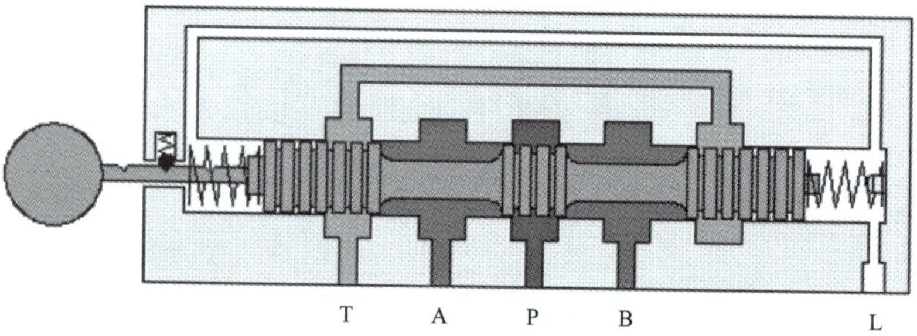

（a）三位四通阀截止状态图

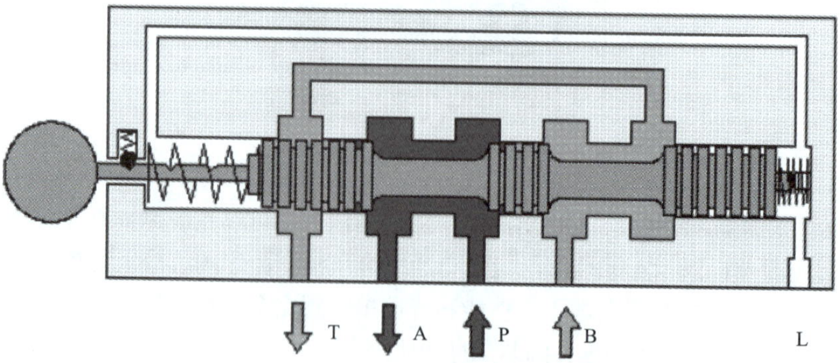

（b）三位四通阀左位接通状态图

图5-15　三位四通阀工作状态图

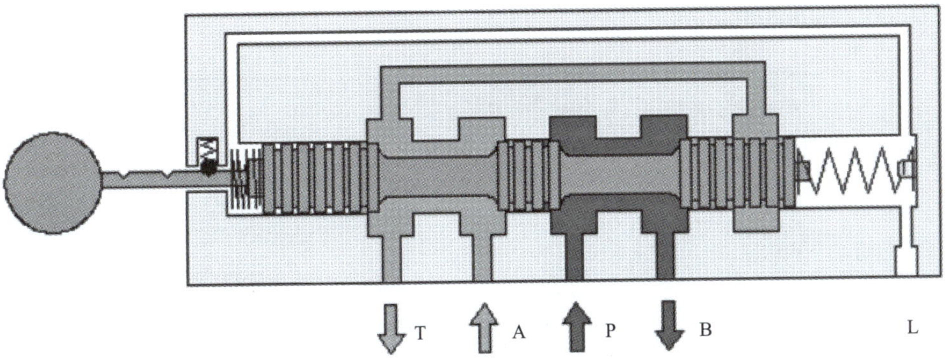

（c）三位四通阀右位接通状态图

图5-15　三位四通阀工作状态图（续）

常见的三位四通阀的结构、中位机能及图形符号见表5-7。

表5-7　三位四通阀的结构、中位机能及图形符号

换向阀结构	中位机能	图形符号
4/3	O型（P，A，B，T）	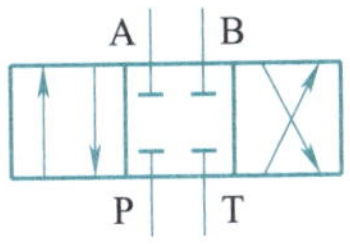
4/3	M型（P-T，A，B）	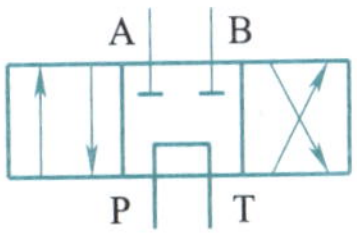
4/3	H型（P-A-B-T）	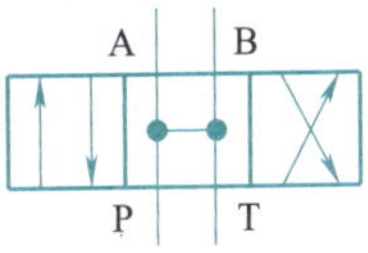
4/3	Y型（P，A-B-T）	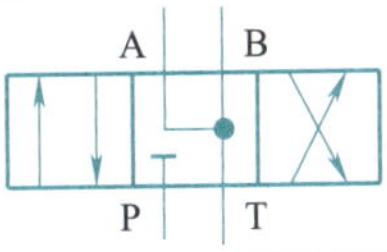
4/3	P型（P-A-B，T）	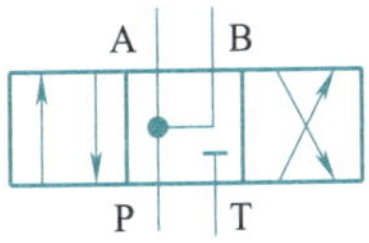

2. 压力控制阀

压力控制阀主要用于控制液压回路中液流的压力大小。压力控制阀按用途不同通常分为溢流阀、减压阀、顺序阀等，下面主要介绍溢流阀。

溢流阀又称安全阀，其功能是通过溢流阀口的溢流作用使液压系统的压力保持在安全范围之内，避免造成其他部件的损失或液压系统的损坏。根据内部结构又可分为直动式溢流阀和先导式溢流阀。

（1）直动式溢流阀。直动式溢流阀由阀座、锥形阀芯、压紧弹簧以及调整螺母组成，其具体结构及职能符号图如图5-16所示。

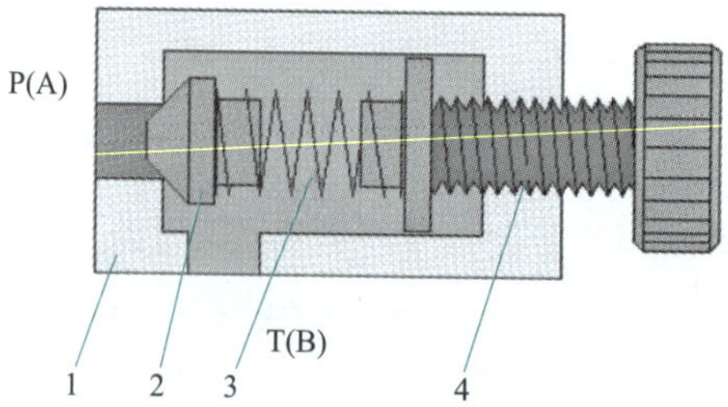

（a）直动溢流阀结构图

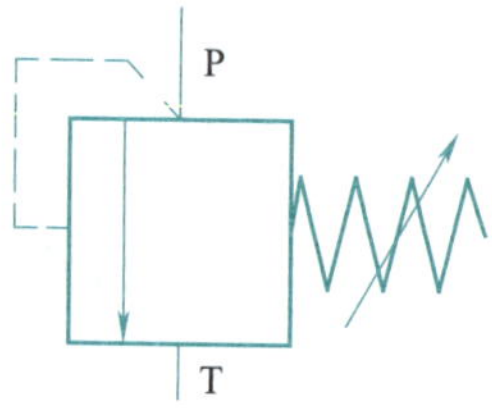

（b）直动溢流阀职能符号

1—阀座；2—锥形阀芯；3—压紧弹簧；4—调整螺母。

图5-16　直动式溢流阀结构图及职能符号

该溢流阀采用开关阀式结构，当溢流阀处于静止位置时，在调压弹簧的作用下，其溢流口关闭。在这种情况下，对于未带负载的液压缸，当活塞杆伸出时，液压泵输出流量全部流入液压缸。如果进口压力达到开启压力，则P口与T口接通。当P口与T口之间的压差小于设定压力时，溢流阀再次关闭。

（2）先导式溢流阀。先导式溢流阀由主阀和先导阀两部分组成，先导阀即为一种直动式溢流阀，其工作原理与直动式溢流阀相同。先导压力由进口压力产生，箭头表示流动方向[见图5-17（b）]。溢流阀开启压差取决于其在一定流量下的公称压力，所以对于溢流阀，应规定其公称压力和溢流量。先导式溢流阀的外形和职能符号如图5-17所示。

（a）先导式溢流阀外形图

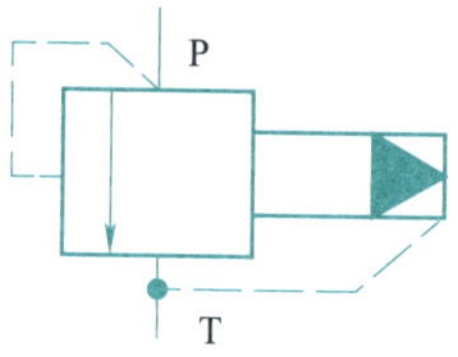

（b）先导溢流阀职能符号

图5-17　先导式溢流阀外形图及职能符号

3. 流量控制阀

流量控制阀的原理是通过调节阀口开度大小改变节流口的流体阻力并以此控制通过节流口的流量，从而调节液压缸等执行元件的速度。以液压缸为例，液压缸调速的原理为

$$v=\frac{q}{A}\eta_{\mathrm{V}}$$

式中　v——液体流速，m/s；

q——液体流量，mL/s；

A——阀口的有效横截面积，m^2；

η_{V}——控制阀的容积效率，无量纲。

根据上式可知，若不考虑容积效率，液压缸的运动速度可以通过改变通入液压缸的流量或液压缸的横截面积实现，然而对于制造好的液压缸，要想改变横截面积比较困难，因此，通常通过改变通入液压缸的液体流量实现，这就是节流阀实现的功能。

根据节流阀的结构可以把节流阀分为节流阀、调速阀、分流集流阀等，其原理图如图5-18所示。

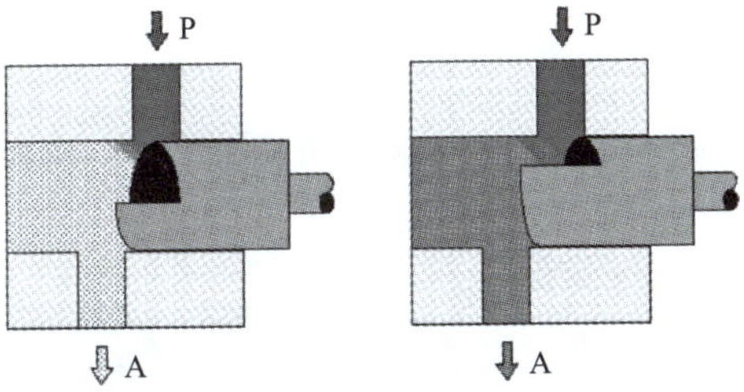

（a）节流阀原理图

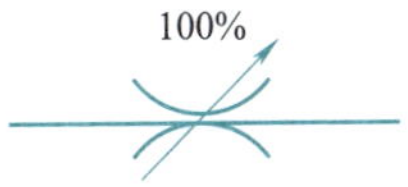

（b）节流阀职能符号

图5-18　节流阀原理图及职能符号

如图5-18（a）所示，节流阀上装有可以调节的调节旋钮，拧动调节旋钮就可以改变液体流入内部的横截面积大小，从而控制流过节流阀的液体流量，以此达到控制系统液体流量及执行元件运动速度的目的。

任务评价

评价内容	分　值	评价细则	量化分值	得　分
信息收集和自主学习	20 分	明确任务	3 分	
		制订合适的学习计划	3 分	
		独立进行信息收集	3 分	
		充分利用现有的学习资源	5 分	
		利用工具解决问题	3 分	
		排除学习干扰，能够自我监督与管控	3 分	
认识液压泵	20 分	理解液压泵的工作原理	2 分	
		掌握液压泵的工作参数	3 分	
		掌握液压泵的类型及工作过程	15 分	
认识液压缸	20 分	理解液压缸的工作原理	3 分	
		能够识别液压缸的主要类型	5 分	
		掌握液压缸的主要结构参数	12 分	
认识控制阀	30 分	掌握方向控制阀的结构、原理	14 分	
		掌握压力控制阀的结构、原理	10 分	
		掌握流量控制阀的结构、原理	6	
职业素养与职业规范	10 分	学习态度	3 分	
		团队合作	4 分	
		5S 管理意识	3 分	
总计	100 分			

思考与练习

认真观察汽车ABS系统的具体结构，找出并说明ABS系统中的动力元件、执行元件、控制元件及辅助元件的位置及类型。

任务三 认识典型液压回路

任务目标

1. 能够识别并叙述方向回路的组成及原理；
2. 能够识别并叙述压力回路的组成及原理；
3. 能够识别并叙述速度回路的组成及原理；
4. 能够读懂并绘制典型液压回路。

任务描述

仔细观察自卸车的工作状态（见图5-19），分析该车辆用到了哪些类型的液压回路？各个回路是如何完成各自工作任务的？

图5-19 自卸车工作状态图

任务分析

自卸车的自卸机构靠液压系统驱动完成工作，其液压系统是由各种形式的液压回路和液压元件组合而成，从而实现了自卸车的上升、下降、悬停等功能。因此，液压回路是分析液压系统的重要基石，通过本任务的学习达到认识液压回路类型、分析液压回路原理的目标。

任务实现

要想完成上述任务，就必须结合前文知识，完成该自卸车液压系统的控制过程分析。根据分析，自卸车货箱在整个工作过程中经历了停止—上升—中停—下降四个工作过程，这些过程都是由相应的液压系统完成控制的。根据液压系统的作用，典型的液压回路可以分为方向回路、压力回路以及速度回路。

一、方向回路

方向回路指通过改变进入液压缸等执行元件的液流方向或通断实现执行元件的启停、变向等功能的回路。根据具体作用，方向回路又分为换向回路、锁紧回路和制动回路三类。

1. 换向回路

换向回路指通过控制阀等元件改变液压系统的液流方向，进而实现执行元件运动方向改变的回路。在换向回路中实现换向功能的主要是控制阀，常用换向回路的控制阀有n位四通阀、n位五通阀等。例如，一个换向回路如图5-20所示。

当控制阀3在中位时，从液压源流出的液压油通过控制阀3的中位机能直接回到油箱，此时液压泵处于卸荷状态，油缸未动作[见图5-20（a）]；当按下控制阀3左侧的手动按钮，控制阀切换到左位状态[见图5-20（b）]，此时液压缸左腔进入高压油，活塞带动推杆向右伸出；当按下控制阀3右侧的手动按钮，控制阀切换到右位状态[见图5-20（c）]，此时液压缸右腔进入高压油，活塞带动推杆向左缩回。根据上述过程可知，当改变控制阀的位置时即可控制液压缸的运动方向，这就是简单的换向回路。仿真过程中的液压缸位移和控制阀状态如图5-21所示。

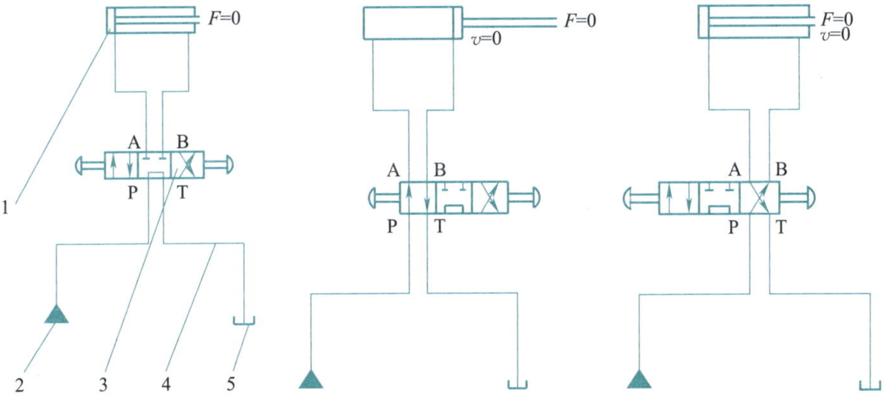

（a）换向回路处于中位状态　（b）换向回路处于左位状态　（c）换向回路处于右位状态

1—双向液压缸；2—液压源（包含油泵）；3—双向手动式3位4通控制阀；4—液压管路；5—油箱。

图5-20　换向回路

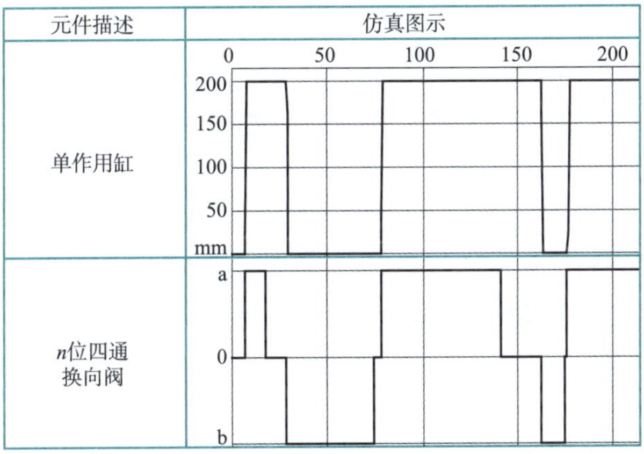

图5-21　换向回路液压缸位移随控制阀位置变化仿真图

2. 锁紧回路

锁紧回路指通过控制执行元件进出油，从而使得液压缸等执行元件能够根据工作需求停留在所需位置，不会因为外力而改变。例如，自卸车倾卸货物的过程即要求液压系统处于锁紧回路以保持车厢始终悬停于某个工作位置不变。要达到锁紧回路的目的，有很多方法可以实现。

（1）通过中位机能控制阀。许多控制阀的中位机能具备锁紧功能。如图5-22所示的控制阀，这两种阀的中位都具备锁紧功能，当控制阀处于中位机能时，液压系统就会处于锁紧状态，从而使得执行元件处于锁紧悬停状态，如图5-23所示。

（2）通过液控单向阀。在液压系统中采用液控单向阀，也可以达到锁紧回路的目的，具体回路如图5-24所示。当Y型控制阀运行到中位时，T口与油箱相通，油泵与P口相通。此时，两个液控单向阀均处于截止状态，使得油缸位置固定不动，系统处于锁紧状态，即达到执行元件在任意位置保持停止的目的。

图5-22　具备中位锁紧功能的控制阀

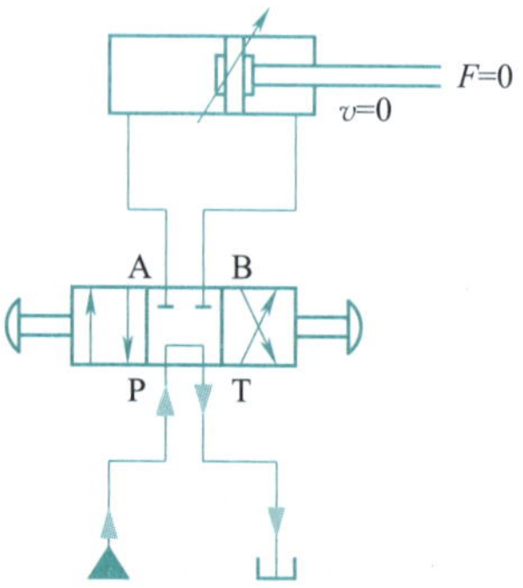

图5-23　使用中位机能控制阀锁紧回路

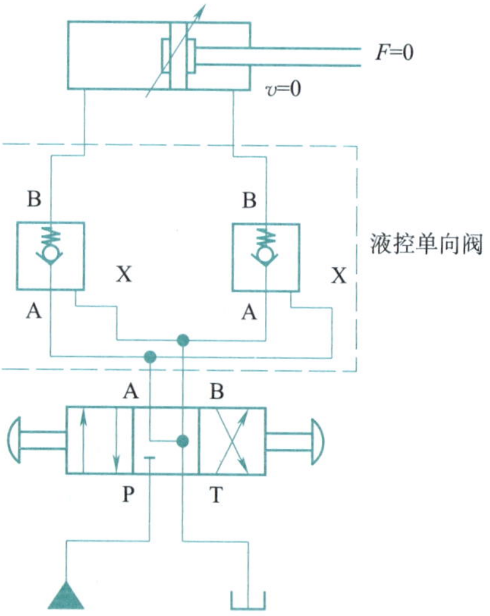

图5-24　使用液控单向阀锁紧回路

二、压力回路

压力回路指具备通过调节阀调节液压系统中的压力稳定压力值，从而保证系统稳定，或控制液压系统中执行元件的先后运动顺序等功能的回路。根据具体作用，压力回路又分为调压回路、顺序回路等类型。

1. 调压回路

调压回路的功能是调定或控制液压系统的最高工作压力或实现执行机构运动过程中各阶段的

多级压力变换，一般由溢流阀完成。图5-25所示为一三级调压回路。

假设先导式溢流阀的设定压力为15 MPa，溢流阀1的设定压力为8 MPa，溢流阀2的设定压力为5 MPa。其具体调压原理为：当3位四通阀处于中位时，系统的压力由先导阀压力决定，即15 MPa；当3位四通阀处于左位接通时，先导阀遥控口X的压力受控于溢流阀1，此时系统的油压为8 MPa；当3位四通阀处于右位接通时，先导阀遥控口X的压力受控于溢流阀2，此时系统的油压为5 MPa。因此，通过调整3位四通阀的位置，即可实现液压系统压力的三级调整以满足不同需要。

2. 顺序回路

顺序回路的作用是使液压系统中各执行元件按照要求的顺序依次运动。根据顺序回路的控制方式不同，常见的顺序回路分为行程控制顺序回路和压力控制顺序回路两种。

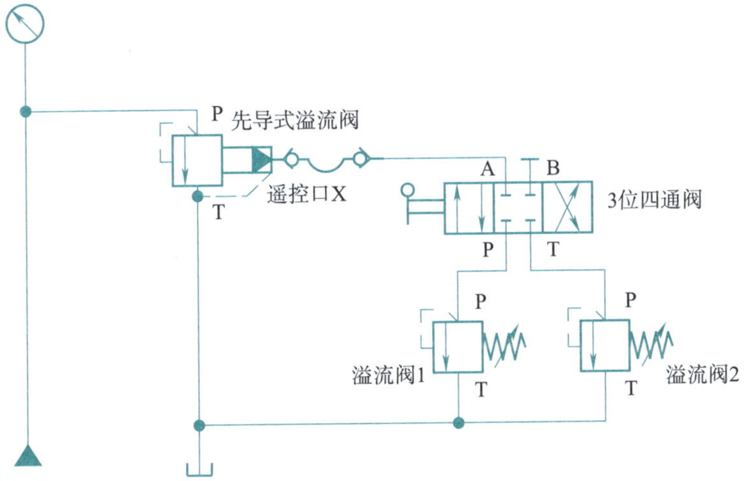

图5-25　三级调压回路

（1）行程控制顺序回路。如图5-26所示，当按下启动按钮时KA1得电，电磁阀YA1得电，此时1缸电磁阀换到左位工作，1缸左侧通入高压油，1缸活塞伸出；当伸出到最长位置时，触发1缸的行程开关SQ1，此时KA2得电，同时电磁阀YA2和YA3得电，2缸和3缸左侧同时通入高压油，因此2缸和3缸同时向右伸出。通过气缸行程的控制，即可使不同气缸在不同行程按照要求依次伸出，完成执行任务动作。

（2）压力控制顺序回路。如图5-27所示，系统处于静止状态，其中假设液压源油压为16 MPa，卸荷阀压力设定为14 MPa，当按下换向阀1左侧的按钮时，换向阀1和换向阀2同时变换到左侧工作位置，竖直油缸下侧通入高压油，油缸上升；此时虽然换向阀2已经处于左侧工作位置，但是由于卸荷阀的压力未达到开启压力，因此卸荷阀处于截止状态，直到左侧竖直液压缸达到最长位置不再上升，此时系统油压不断升高，当达到卸荷阀开启状态时，卸荷阀开启接通，右侧水平液压缸左侧通入高压油，活塞水平向右伸出。该系统通过设置卸荷阀的工作压力，保证了竖直位置的液压缸先伸出，当油压达到规定数值时，水平液压缸才向右伸出，实现了执行元件的顺序工作。

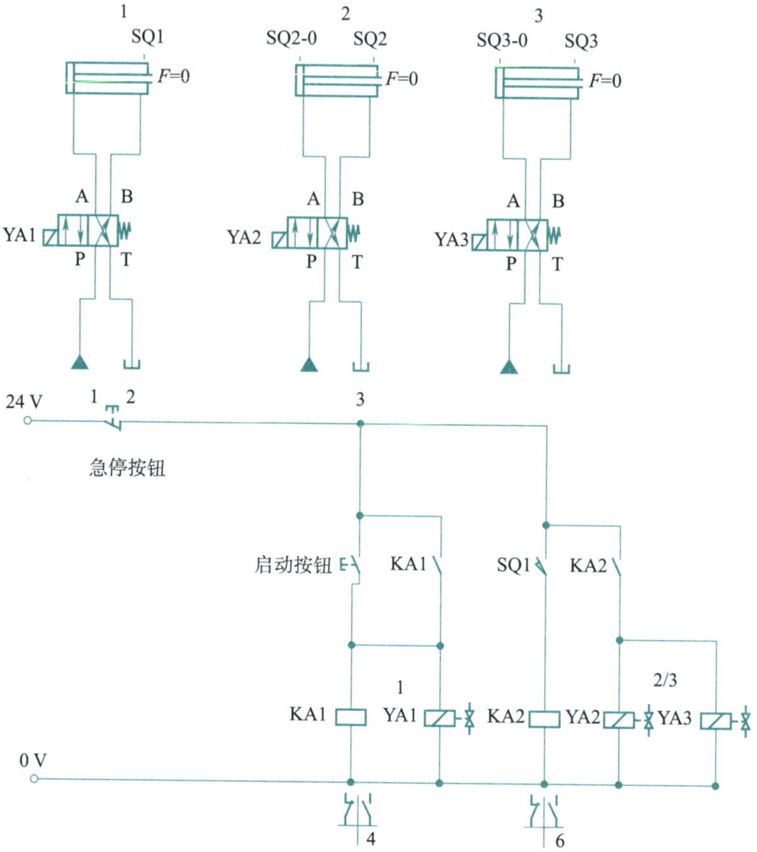

图5-26　行程控制顺序回路

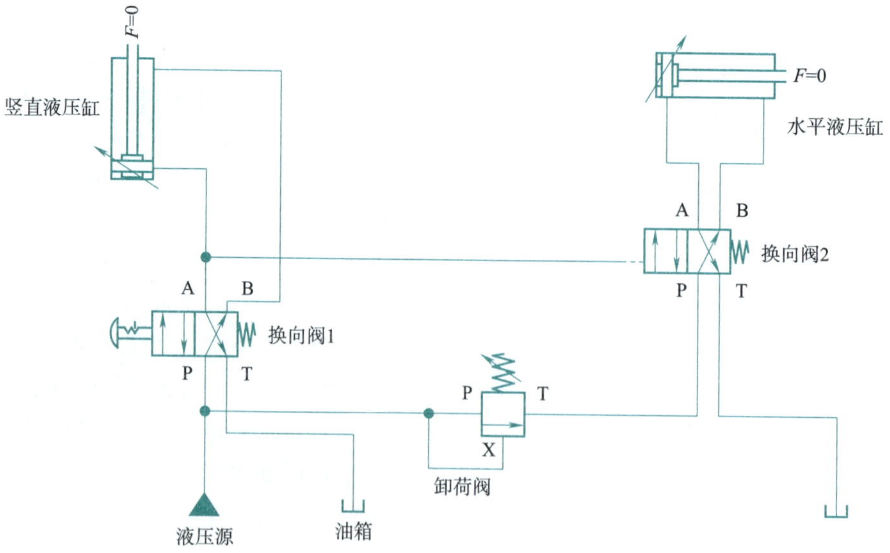

图5-27　压力控制顺序回路

三、速度回路

通过改变液压系统中元件的参数或设置，控制执行元件（液压缸或液压马达）工作速度的回路称为速度回路。液压系统中可以控制执行元件工作速度的方法很多，例如，可以改变泵流量或马达的排量（变量泵或变量马达）；改变输入执行元件的流量（节流阀）等方法。下面以液压缸为例进行说明。

当不考虑容积效率和机械效率损失，采用定量泵时，泵的流量和转速为恒定值。此时可通过改变液压缸的流量和横截面积达到调速目的。但是通常情况下，当一个液压缸制作完成后很难改变横截面积，因此，通常采用改变通入液压缸的流量的方式改变液压缸的执行运动速度，一般采用节流阀与溢流阀组成调速回路。根据节流阀位置的不同可以分为进油节流调速回路、回油节流调速回路、旁路节流调速回路三种。

1. 进油节流调速回路

如图5-28所示，溢流阀安装在进油回路中，用于控制系统的油压，保证系统安全；可调节流阀串联在进油回路中，通过调节节流阀的开口即可控制流入液压缸的流量，从而在不改变其他参数的情况下，控制液压缸的伸出速度。

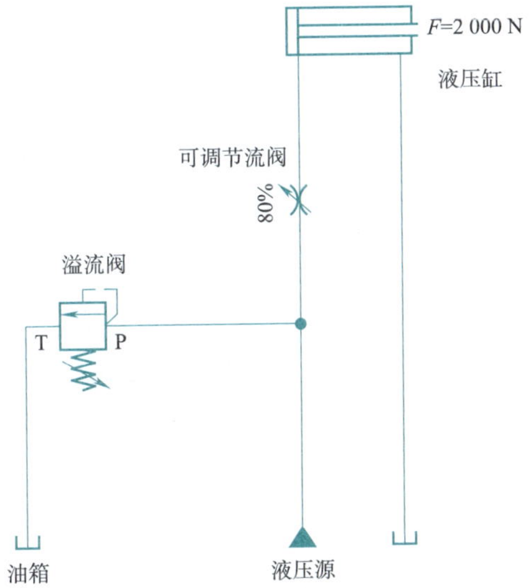

图5-28　进油节流调速回路

2. 回油节流调速回路

如图5-29所示，溢流阀安装在进油回路中，用于控制系统的油压，保证系统安全；可调节流阀串联在回油回路中，通过调节节流阀的开口即可控制流回油箱的流量，从而在不改变其他参数的情况下，控制液压缸的伸出速度。

通过仿真可知，上述两种回路的作用相当，都可以起到速度回路的作用，但是也存在一些区别。例如，调速阀安装在回油回路中，高温的液压油可以直接排入油箱，有效降低了液压油温度，也减小了泄漏的可能性；节流阀装在回路上会产生一定的背压，不至于左右两腔压差过大，可以有效提升系统的平稳性，不会产生失控现象。

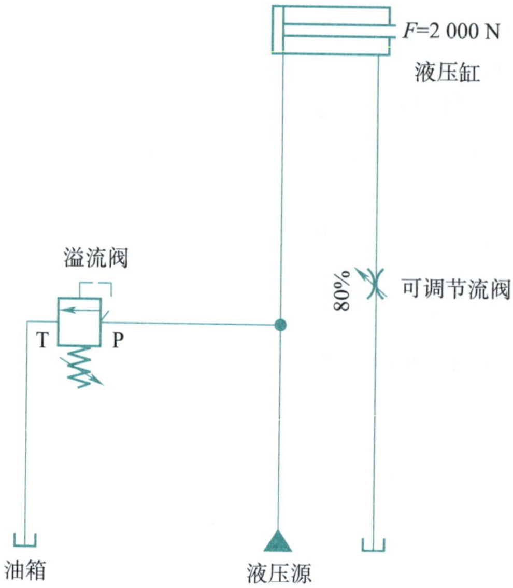

图5-29　回油节流调速回路

3. 旁路节流调速回路

如图5-30所示，溢流阀安装在进油回路中，用于控制系统的油压，保证系统的安全；可调节流阀安装在与液压缸并联的回路中，通过调节节流阀的开口即可控制流入液压缸的流量，从而在不改变其他参数的情况下，控制液压缸的伸出速度。

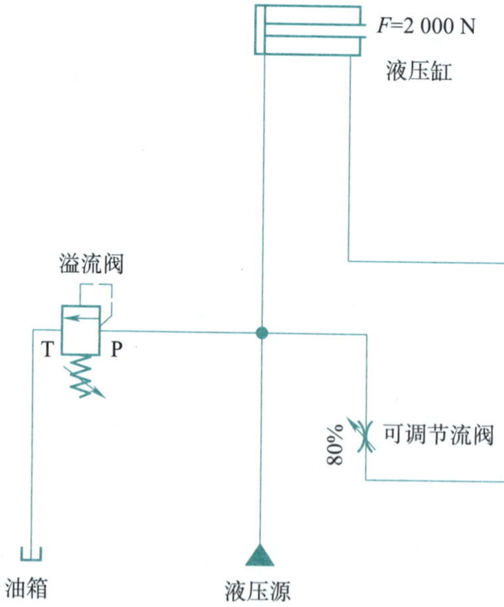

图5-30　旁路节流调速回路

任务评价

评价内容	分　值	评价细则	量化分值	得　分
信息收集和自主学习	20 分	明确任务	3 分	
		制订合适的学习计划	3 分	
		独立进行信息收集	3 分	
		充分利用现有的学习资源	5 分	
		利用工具解决问题	3 分	
		排除学习干扰，能够自我监督与管控	3 分	
认识方向回路	20 分	掌握换向回路的组成与原理	10 分	
		掌握锁紧回路的组成与原理	10 分	
认识压力回路	20 分	掌握调压回路的组成与原理	10 分	
		掌握顺序回路的组成与原理	10 分	
认识速度回路	30 分	掌握进油节流调速回路的结构、原理	10 分	
		掌握回油节流调速回路的结构、原理	10 分	
		掌握旁路节流调速回路的结构、原理	10 分	
职业素养与职业规范	10 分	学习态度	3 分	
		团队合作	4 分	
		5S 管理意识	3 分	
总计	100 分			

思考与练习

仔细观察自卸车的工作过程，并结合该车的工作特点为该车设计一套液压系统，要求工作灵敏可靠，无安全隐患及泄漏存在。

单元六 6

汽车气压传动

无论是从技术角度还是成本角度，气压传动都是执行元件完成运动的最佳传动方式。由于气压传动具备廉价洁净、取之不尽用之不竭，空气阻力、黏度较小，适合远距离输送以及气体对冲击载荷和过载等方面具有较好适应性等方面的优点，使得气压传动在汽车上有着较好的应用空间，如气刹制动系统、悬架系统、转向助力系统等。气压传动系统有哪些特点？气压系统由哪些结构组成？常见的气压系统有哪些？如何分析气压系统？要回答这些问题，必须掌握气压传动系统的总体认识及有关基本概念。

学习目标

1. 掌握气压系统的组成及原理；
2. 掌握气压系统的主要参数；
3. 掌握气压元件的职能符号；
4. 理解气压系统在汽车中的应用；
5. 培养学生精益求精的大国工匠精神和良好的职业道德素养。

任务一 认识气压传动系统

任务目标

1. 能够叙述气压传动系统的特点及应用；
2. 能够叙述气压系统的结构组成，并能分析气压系统的工作原理；
3. 能够利用气体状态变化方程分析气压传动过程。

任务描述

观察气刹车ABS在制动时的工作原理（见图6-1），分析气压系统的特点、结构组成及其工作原理，同时指出该气压系统的主要参数有哪些，并分析工作过程中气体的状态变化。

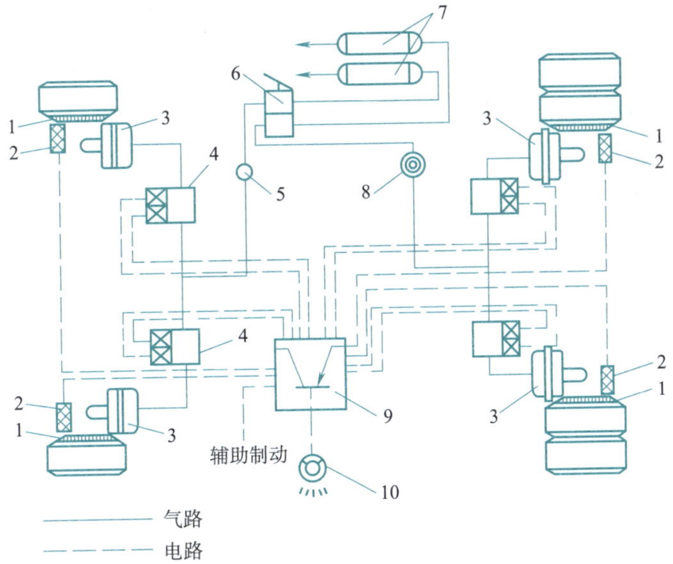

1—齿圈；2—轮速传感器；3—制动气室；4—制动压力调节器（PCV阀）；5—快放阀；6—制动总阀；7—储气筒；8—继动阀；9—ABS ECU；10—警告灯。

图6-1　气刹车ABS原理图

任务分析

想要分析气刹车在制动时的工作情况，就必须掌握气压系统的基本原理和知识。例如，气压系统的基本组成和原理、气压传动系统的重要参数及控制方式、气压元件职能符号等知识点。

任务实现

一、气压传动的特点

气压传动将气体的压力能转化为其他机械能实现传动，与液压驱动、电气驱动不同，气压传动有着自己独特的优点，主要体现在以下几个方面：

（1）产生和取用方法。需要单独的空压机或空压机站产生压力能；工作介质是空气，较为洁净，获得方式较为简单。

（2）能量的储存。可采用储气罐或储气筒储存大量的能量，储存方式较为经济可靠；储存的能量可以作为气压传动的补充能源或替代能源。

（3）能量的输送。气体通过管道可实现较远距离输送，输送距离可达1 km（存在压力损失）。

（4）泄漏问题。气体在输送过程中存在泄漏现象造成压力能损失，但是由于较为洁净，不会污染环境。

（5）环境的影响。空气无着火和爆炸危险，当空气湿度较大时需要采取干燥措施去除空气中的水分。在输送过程中会存在噪声污染，因此需要在输送过程中安装消声器，可以较好地减小气体的噪声影响。

（6）推力和力矩。气压工作压力取决于工作压力和气缸缸径大小，力矩范围较小，超载时可达到停止不动，无危害。

二、气压传动的组成及作用

图6-2所示为气压传动系统图，要完成气缸的缩回，就必须在活塞右侧通入高压气体克服弹簧的弹力。此时应按下2/2方向阀按钮换位到左侧接通状态，高压气体经过过滤器的清洁以及减压阀的调压后，经由管路通过2/2阀的左侧阀口通路进入单作用气缸的右侧，克服弹簧的作用力使得活塞左移，完成气缸活塞的左移运动。

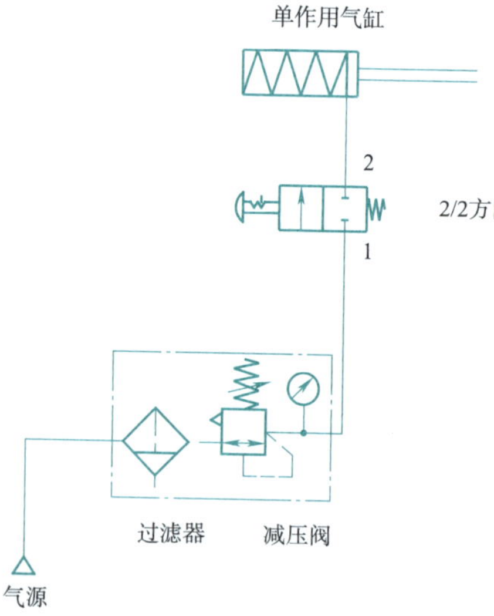

图6-2 气压传动系统图

根据上述分析可知，一个完整的气压系统必须包括以下几个方面：

（1）气源设备。气源设备包括空气压缩机、后冷却装置、储气罐。其中空气压缩机的主要作用是将机械能转化为气体压力能，获得高压气体；后冷却装置的作用是消除高压气体中的水分、油污、杂质等。

（2）辅助设备。辅助设备包括消声器、过滤器、干燥器、油雾器以及管路等。其中消声器的作用是降低气体流动过程中产生的噪声；过滤器的作用是在气源设备之后继续消除空气中的水分、油污和灰尘，常见规格为40 μm、10 μm、5 μm、1 μm、0.01 μm等；干燥器、油雾器的作用是进一步去除空气中的水分。过滤器通常与减压阀和油雾器组合，以形成三联件。

（3）控制元件。控制元件主要包括各种阀类，通过改变阀口的大小、位置即可控制气压系统中气压的大小和方向，如方向阀、压力阀、流量阀等。

（4）执行元件。执行元件的主要作用是在气压作用下完成运动，达到指定的运动位置，如气缸、气动马达等。

（5）介质。气压传动中的介质是洁净的空气。介质的主要作用是传递压力能，将动力元件产生的压力能通过空气传递到执行装置，以驱动执行装置运动。

气压系统具体的组成元件及职能符号见表6-1。

表6-1 气压系统的组成元件及职能符号

组成元件			职能符号	实物	作用
气源设备	压缩机			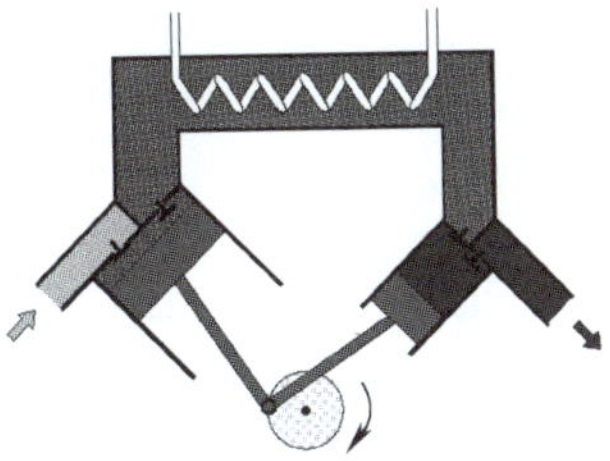 活塞式压缩机	将机械能转化为气体压力能，获得高压气体
	储气罐				储存一定量的高压气体
执行元件	气马达			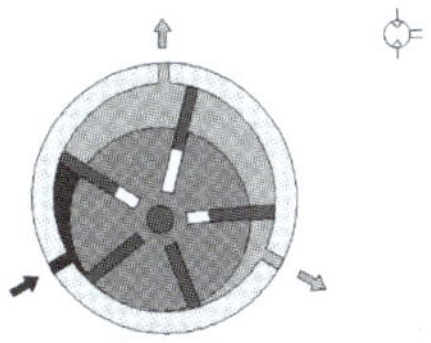 气马达	把气体压力能转换为机械能，驱动负载进行运动
	气缸			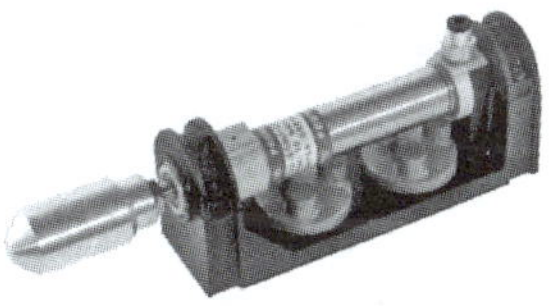	
控制元件	控制阀	方向阀	2/2 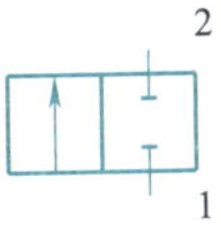 4/2 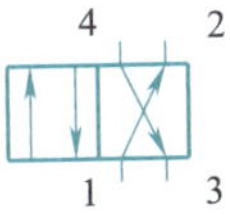 5/2 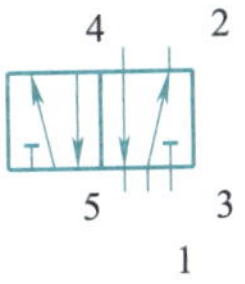	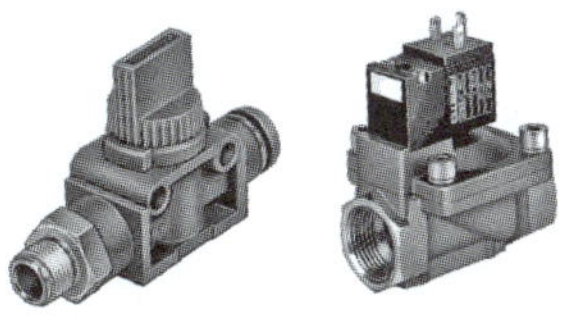	根据系统要求，调节从动力元件到执行元件的液体压力、方向和流量
		压力阀		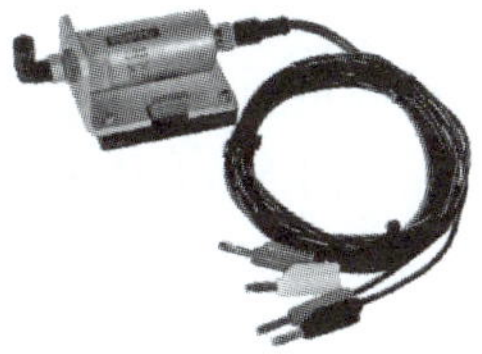	

续表

组成元件			职能符号	实物	作用
控制元件	压力阀	流量阀			根据系统要求，调节从动力元件到执行元件的液体压力、方向和流量
辅助元件	消声器			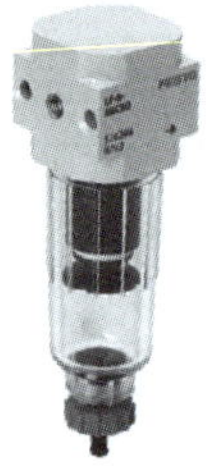	用于降低气体流动过程中产生的噪声，过滤气体以及储存、释放气压能
	过滤器				

三、气体状态变化

在气体压缩过程中，随着气压不断升高，空气分子间隙不断缩小，气体温度也在不断上升，气体的特征参数也会发生变化。用以表示气体在某一瞬间物理特性的总标志称为气体状态，常用温度、绝对压力、比容（密度）作为气体的基本参数，此外内能、熵等也是气体的参数。

1. 基本状态和标准状态

温度为273 K、绝对压力在标准大气压条件下干空气的状态称为基本状态；温度为293 K、绝对压力在标准大气压、相对湿度为65%条件下空气的状态称为标准状态。

2. 完全气体和完全气体方程

假设气体分子为有弹性、不占据体积的质点，分子间无相互作用力的气体状态称为完全气体。完全气体在任一平衡状态时各参数间的相互关系符合完全气体方程：

$$PV=nRT$$

式中 P——气体压强，Pa；

V——气体体积，m^3；

n——气体摩尔数，mol；

R——气体常数；

T——气体温度，K。

3. 实际气体状态方程

上述完全气体方程是一种假想的理想状态，实际环境中不存在。实际空气分子间存在相互作用力，而且分子占有一定体积，因而实际气体具有一定的内摩擦力和黏性。在工程计算中，考虑实际气体与理想气体的区别，常引入修正系数Z（压缩率），实际气体状态方程表示为

$$PV=ZRT$$

任务评价

评价内容	分　值	评价细则	量化分值	得　分
信息收集和自主学习	20 分	明确任务	3 分	
		制订合适的学习计划	3 分	
		独立进行信息收集	3 分	
		充分利用现有的学习资源	5 分	
		利用工具解决问题	3 分	
		排除学习干扰，能够自我监督与管控	3 分	
气压传动的特点	10 分	理解气压传动的特点	10 分	
气压传动的组成及作用	30 分	掌握气压传动的系统组成	10 分	
		掌握气压系统的图形符号的绘制方法	10 分	
		掌握气压传动的图形符号的识读方法	10 分	
气体状态变化	30 分	掌握基本状态和标准状态	10 分	
		掌握完全气体和完全气体方程	10 分	
		掌握实际气体状态方程	10 分	
职业素养与职业规范	10 分	学习态度	3 分	
		团队合作	4 分	
		5S 管理意识	3 分	
总计	100 分			

思考与练习

列表写出气压系统组成元件的名称、作用，并画出各组成元件的职能符号。

任务二　认识气压传动系统典型元件

任务目标

1. 能够叙述压缩机的组成及原理；
2. 能够识别执行元件的类型及原理；
3. 能够识别各种形式控制阀的类型及原理。

任务描述

观察商用汽车的ABS系统在工作时各个阶段的工作情况（见图6-1），分析ABS系统使用了哪些气压传动部件，各个组成部件是如何完成各自工作任务的?

任务分析

汽车的ABS系统是气压系统在汽车中的典型应用。掌握ABS气压系统的结构、工作过程及原理对于理解和掌握气压系统具有十分重要的意义，要想分析ABS气压系统首先就要掌握气压系统中各种组成元件的结构和工作原理。

任务实现

一、气源装置

气源装置用于产生具有足够压力和流量的压缩空气并将其净化、处理并储存，主要包括空气压缩机、后冷却器、储气罐。本任务主要介绍空气压缩机及其结构原理。

1. 空气压缩机的作用及类型

空气压缩机是把其他形式的能量转化为气体的压力能，并且以一定的流速和压力驱动其他元件运动的元件，常见的形式有活塞式空气压缩机、轴流式空气压缩机两种，如图6-3所示。活塞式压缩机已被广泛应用。对于把空气压缩至较高压力的场合，常需多级空气压缩机，第一级压缩吸入的空气，并将空气引入中间冷却器进行冷却，然后再进入下一级继续压缩。轴流式空气压缩机将气体沿着平行于压缩机旋转轴的方向流动，在进气导流叶片的作用下，气体产生很高速度，而当气体流过压缩机的每一级时，气体的流动速度就逐渐减慢，从而使气体的压力得到提高即将气体的动能转变为压力能。

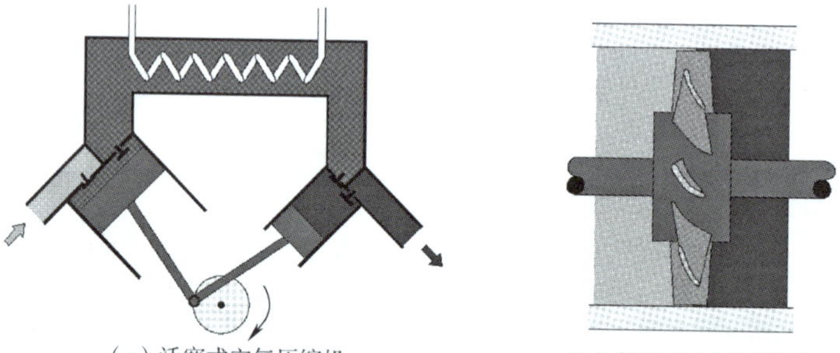

（a）活塞式空气压缩机　（b）轴流式空气压缩机

图6-3　常见冤气压缩机原理图

空气压缩机有如下分类形式：

（1）按照压力大小分类：低压型压缩机（0.2~1.0 MPa）；中低压型压缩机（1.0~10 MPa）；高压型压缩机（10~100 MPa）；超高压型压缩机（>100 MPa）。

（2）按照流量等级分类：微型压缩机（<1 m^3/L）；小型压缩机（1~10 m^3/L）；中型压缩机（10~100 m^3/L）；大型压缩机（>100 m^3/L）。

（3）按照工作原理分类：容积型压缩机（按照结构原理又可分为往复活塞式压缩机和旋转式压缩机）；速度型压缩机（分为离心式和轴流式压缩机）。

2. 空气压缩机的主要参数及选用

（1）空气压缩机的主要参数及含义见表6-2。

表6-2　空气压缩机的参数表

参数名称		符　号	单　位
输出压力		p_c	MPa
流量	提供流量	q_b	m^3/min
	吸入流量	q_c	
功率	输入功率	N	kW

（2）空气压缩机的选用。空气压缩机的选用步骤是首先按照空压机的特性要求选择空压机类型，再根据气动系统所需的工作压力和流量，确定空压机的输出压力和吸入流量，最终确定空压机的型号。

①空气压缩机输出压力p_c计算：

$$p_c=p+\sum\Delta p$$

式中　p——气动执行元件最高使用压力，MPa；

$\sum\Delta p$——气压系统的总压力损失，一般取0.15~0.2 MPa。

②空气压缩机吸入流量q_c计算：

$$q_c=kq_b$$

式中　k——修正系数，主要考虑气动元件、管接头等处的漏气损失，一般取1.3~1.5。

③空气压缩机的功率计算：

$$N=\frac{(n+1)k}{k-1}\times\frac{p_1q_c}{0.06}\left[\left(\frac{p_c}{p_1}\right)^{\frac{k-1}{(n+1)k}}-1\right]$$

式中　n——系统中冷却器个数；

p_1——吸入空气的绝对压力，MPa。

二、执行元件

气动系统常用的执行元件为气缸和气马达，气缸用于实现直线往复运动，气马达用于实现连续回转运动。与液压组件相比，气动组件具有速度快、工作压力低等特点，适合低输出力的工作场合。

1. 气缸的结构及工作原理

气缸是将气体的压力能转化为直线运动并输出一定推力（拉力）的执行元件，直动气缸结构如图6-4所示。

缸筒2与前后端盖连接后，内部形成密封空腔，在这个空间内连接活塞杆1的活塞3，将内部空间分为左右两个部分。通常将有活塞杆的一侧称为有杆腔，另一侧称为无杆腔。当无杆腔通入高压气体时，无杆腔的高压气体会推动活塞克服外界负载及内部摩擦作用向左运动，有杆腔的气体通过出气口排出；反之亦然。为了保证气缸向左向右运动到极限时不至于因速度过快冲击缸盖造成破坏，通常会在气缸两端设置有缓冲装置。

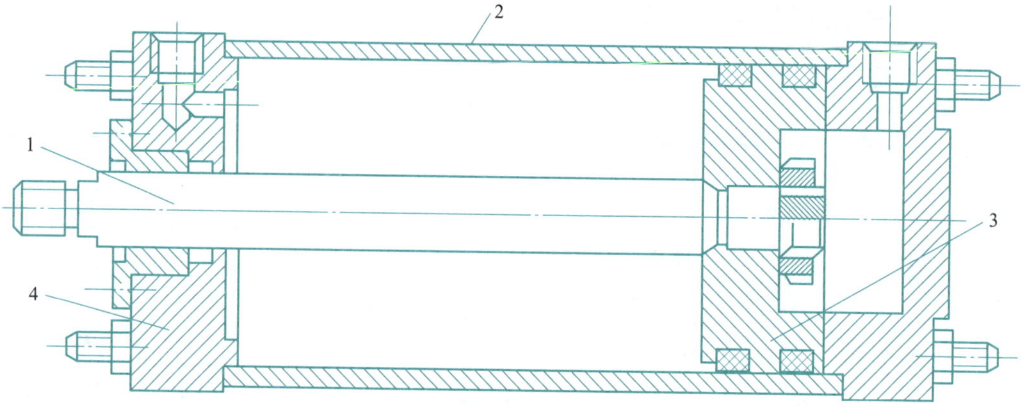

1—活塞杆；2—缸筒；3—活塞；4—缸盖。

图6-4　直动气缸结构

2. 气缸的主要类型

气缸分类的方法很多，根据气缸的结构可分为活塞式和膜片式；根据气缸的缸径尺寸可分为微型气缸、小型气缸、中型气缸、大型气缸；根据气缸的安装方式可分为整体式、可拆卸式；根据气缸的驱动方式可分为单作用气缸、双作用气缸；根据气缸的运动方式可分为直动气缸和摆动气缸；根据力的产生方向、结构的复杂度、应用场景等不同，又可分为单作用气缸、双作用气缸和多位气缸。常见气缸类型见表6-3。

表6-3　常见气缸类型

元件名称		元件符号	图　例	元件描述
摆动气缸		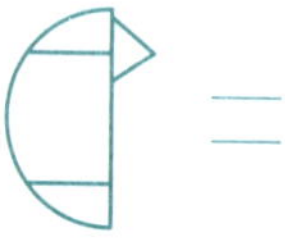		在压缩空气的作用下，摆动气缸可以实现摆动运动。摆动气缸结构紧凑，输出力矩大。在摆动气缸中，旋转叶片将压力传递到驱动轴上，摆动角度可由挡块调节，范围为0°～180°
直动气缸	单作用气缸	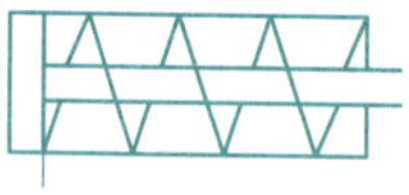	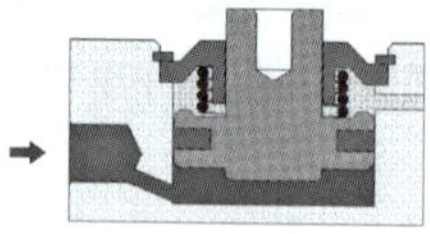	在压缩空气的作用下，单作用气缸活塞杆伸出，当无压缩空气时，则在弹簧作用下回缩
	双作用气缸	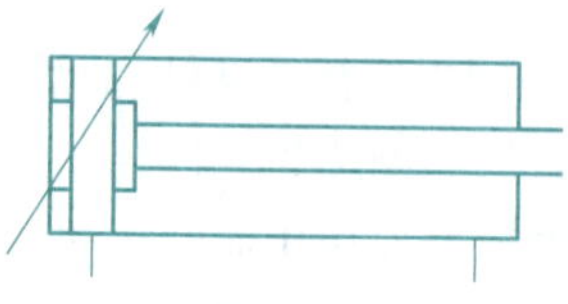	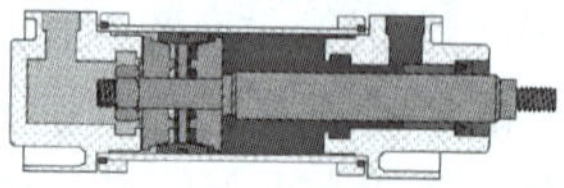	在压缩空气的作用下，双作用气缸活塞杆既可以伸出，也可以回缩。通过缓冲调节装置，可以调节其终端缓冲

续表

元件名称		元件符号	图例	元件描述
直动气缸	多位气缸			通过将缸径相同但行程不同的两个气缸连接起来，可以使组合后的气缸具有三个停止位置。以第一个停止位置为基准，多位气缸可以直接或通过中间停止位置到达第三个停止位置

3. 气压缸的主要参数

（1）气缸的主要性能参数见表6-4。

表6-4　气缸主要性能参数表

参数名称	计算公式	参数单位
理论输出力	$F_0=\frac{\pi}{4}D^2p$ （D——缸径，m；p——气缸工作压力，Pa）	N
	$F_0=\frac{\pi}{4}(D^2-d^2)p$ （d——活塞杆直径，m）	N
负载率	$\beta=\frac{F}{F_0}$ （F——气缸实际输出力，N，一般取0.7~0.8）	—
平均速度	$v=\frac{L}{t}$ （L——活塞行程，mm；t——作用时间，s）	mm/s
工作压力	—	MPa

（2）气缸的主要结构参数见表6-5。

表6-5　气缸主要结构参数表

参数名称	计算公式	参数单位
缸径	推动时：$D=\sqrt{\frac{4F_0}{\pi p}}$	mm
	拉动时：$D=\sqrt{\frac{4F_0}{\pi p}+d^2}$	mm
壁厚	$\delta=\frac{DP_p}{2\sigma_p}$ （P_p——实验压力，Pa；$2\sigma_p$——缸筒材料许用应力，Pa）	mm

续表

参数名称	计算公式	参数单位
活塞杆挠度	$\partial=\frac{qs^4}{8EJ}$ （q——活塞杆当量质量，kg；s——活塞伸出长度，mm； E——材料弹性模量，Pa；J——截面惯性矩，cm^4）	cm

三、控制阀

控制阀是气压系统中的控制元件，根据控制阀在气压系统中的作用可以将阀分为方向控制阀、压力控制阀和流量控制阀。

1. 方向控制阀

方向控制阀主要用于控制气压回路中气体的流动方向，按用途不同通常分为单向阀和换向阀两类。

1）单向阀

单向阀的功能是只允许气体单向流动，不允许反向倒流。单向型控制阀包括单向阀、或门型梭阀、与门型梭阀和快速排气阀。其中单向阀与液压单向阀类似，这里不再赘述。

（1）或门型梭阀。如图6-5所示，只要输入口1有气信号，输出口2就会有气信号输出。无论是两侧哪个阀口1通入高压气体，输出口2都会有气信号输出，而不需要两个阀口必须同时通入高压气体，其功能类似于电路的或门元件，因此称为或门型梭阀。

（a）外形图　　（b）职能符号

图6-5　或门型梭阀

（2）与门型梭阀（双压阀）。如图6-6所示，只有在两个输入口1都有气信号时，输出口2才有气信号输出。也就是说，只要两个输入口中有一个无气信号，输出口2就无气信号输出（“与”逻辑功能）。

（3）快速排气阀。如图6-7所示，压缩空气从1口流向2口。如果进气压力（1口压力）降低，则2口压缩空气通过消声器3排入大气。快速排气阀的作用是使气动元件或装置快速排气。例如，气刹车的制动系统为了快速消除制动影响，常在系统中增加快速排气阀。

2）换向阀

换向型方向控制阀的结构和工作原理与液压阀中的方向控制阀基本相似，切换位置和接口数也分n位n通，图形符号也基本相同，在此不再赘述。

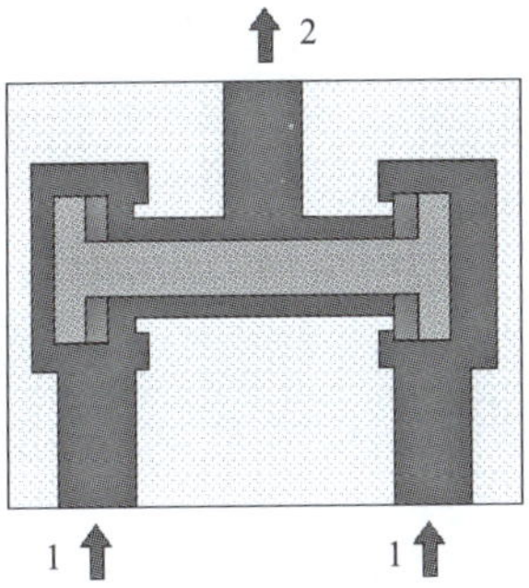

（a）原理图

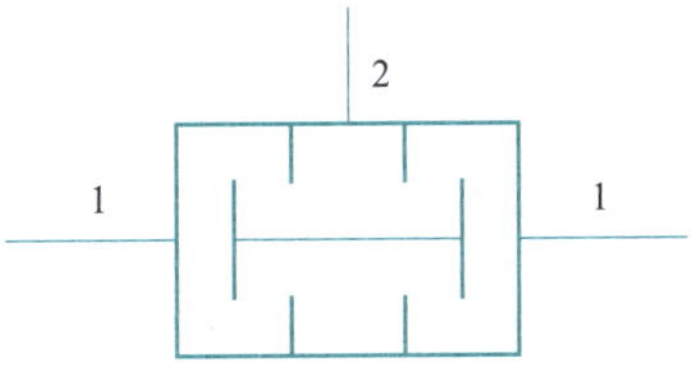

（b）职能符号

图6-6　与门型梭阀

（a）外形图

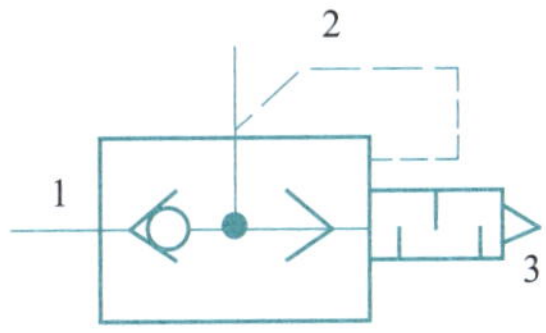

（b）职能符号

图6-7　快速排气扇

2. 压力控制阀

压力控制阀主要用于控制液压回路中气体的压力大小，主要有减压阀、溢流阀和顺序阀。

1）减压阀

减压阀的作用是降低系统中的压力，以适合执行装置的需要，并使这一部分压力保持稳定。减压阀可以在一定范围内对工作压力进行调节，并使其保持不变。图6-8（a）所示为减压阀未开启减压的工作状态，随着进气压力不断增加，当达到减压阀开启状态[见图6-8（b）]，减压阀开始工作，从而保证输出气压稳定在一定范围内。

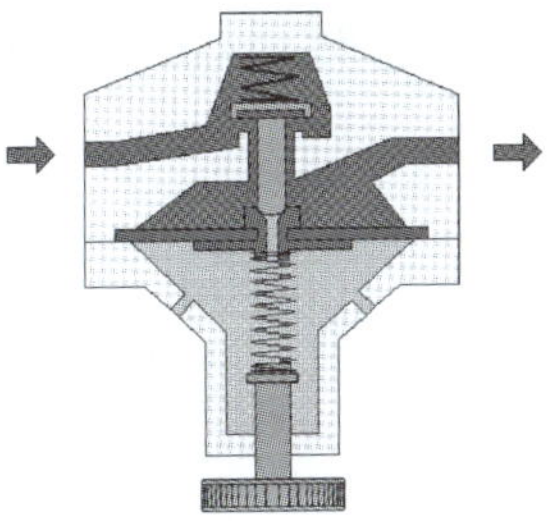

（a）工作状态

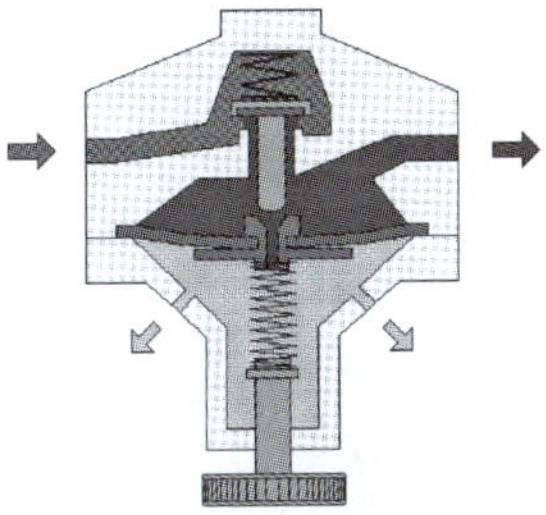

（b）减压状态

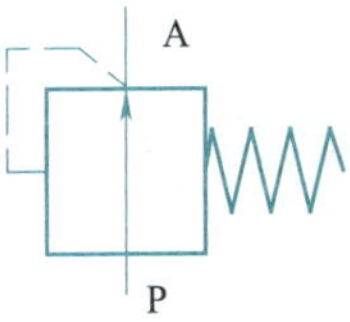

（c）职能符号

图6-8　减压阀状态及职能符号

2）溢流阀

溢流阀又称安全阀，其功能是通过溢流阀口的溢流作用使气压系统的压力保持在正常范围之内，避免造成其他部件的损失或系统损坏。根据内部结构又可分为直动型溢流阀和先导式溢流阀。溢流阀的结构和原理与液压式的溢流阀类似，此处不再赘述。

3. 流量控制阀

流量控制阀主要包括节流阀、单向节流阀和排气节流阀等。

1）节流阀

节流阀的作用是通过改变阀的通流面积调节流量，其内部结构和职能符号如图6-9所示。

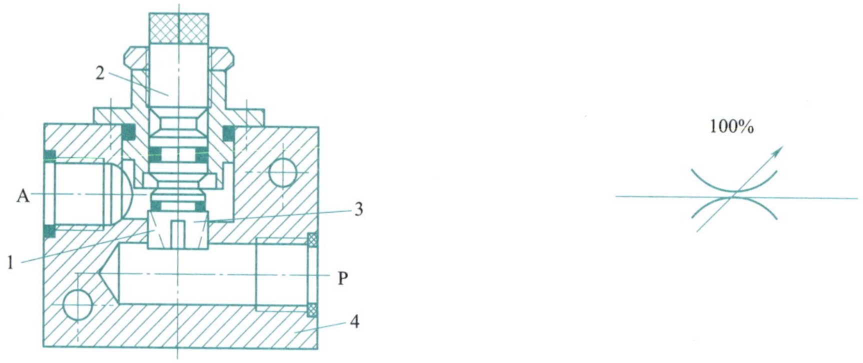

（a）节流阀结构图　　（b）职能符号

1—阀座；2—调节螺杆；3—阀芯；4—阀体。

图6-9　节流阀

当不考虑流量损失和效率时：

$$q=Av$$

式中　q——通过节流阀的流量，mL/s；

A——节流阀的有效横截面积，m^2；

v——通过节流阀口的流速，m/s。

由上式可知，可以通过调节螺杆2[见图6-9（a）]改变阀的通流面积，从而达到调节流量的目的。

2）单向节流阀

如图6-10所示，单向节流阀由单向阀和可调节流阀组成，单向阀在一个方向上可以阻止压缩空气流动，此时，压缩空气经可调节流阀流出，调节螺钉可以调节节流面积；在相反方向上，压缩空气经单向阀流出。

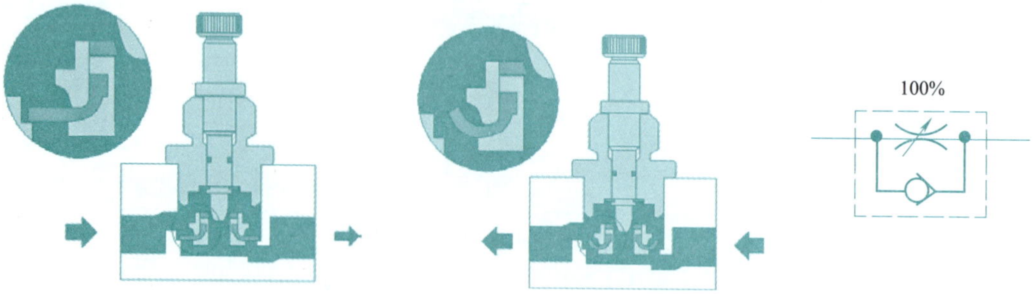

（a）通过节流阀状态图　　（b）通过单向阀状态图　　（c）职能符号

图6-10　单向节流阀

4. 辅助元件

常见的辅助元件由后冷却器、油雾器、干燥器、空气过滤器、储气罐、气动管路等元件组成。

1）油雾器

油雾器是气压系统中一种特殊的注油装置，其作用是把润滑油雾化后，经压缩空气携带进入系统中各润滑部位，满足润滑的需要，其职能符号如图6-11所示。

2）空气过滤器

空气过滤器可去除工作油液中的颗粒污染物，以降低因工作油液污染而导致元件损坏的可能性，其职能符号如图6-12所示。

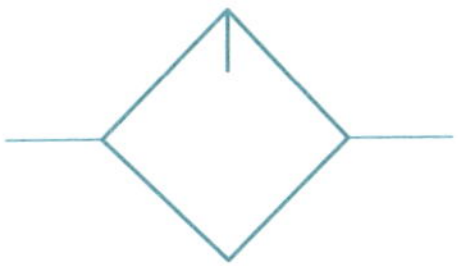

图6-11 油雾器职能符号

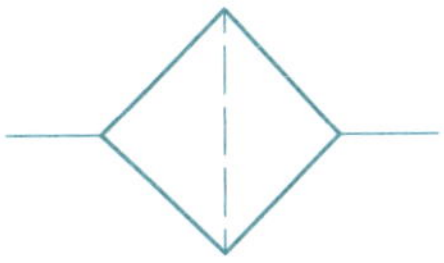

图6-12 空气过滤器职能符号

任务评价

评价内容	分　值	评价细则	量化分值	得　分
信息收集和自主学习	20分	明确任务	3分	
		制订合适的学习计划	3分	
		独立进行信息收集	3分	
		充分利用现有的学习资源	5分	
		利用工具解决问题	3分	
		排除学习干扰，能够自我监督与管控	3分	
认识气源装置	20分	掌握空气压缩机的作用及类型识别	10分	
		掌握空气压缩机的主要参数及选用方法	10分	
认识执行元件	20分	掌握气缸的结构及工作原理	5分	
		掌握气缸的主要类型识别方法	5分	
		掌握气缸的主要结构参数	10分	
认识控制阀	30分	掌握方向控制阀的结构、原理	10分	
		掌握压力控制阀的结构、原理	10分	
		掌握流量控制阀的结构、原理	10分	
职业素养与职业规范	10分	学习态度	3分	
		团队合作	4分	
		5S 管理意识	3分	
总计	100分			

思考与练习

认真观察汽车上主动空气悬架系统的具体结构，找出并说明其中动力元件、执行元件、控制元件及辅助元件的位置及类型。

任务三 认识典型气动回路

任务目标

1. 能够识别并叙述方向回路的组成及原理；
2. 能够识别并叙述压力回路的组成及原理；
3. 能够识别并叙述速度回路的组成及原理；
4. 能够叙述各种回路在汽车上的实际应用。

任务描述

仔细观察气刹车的制动过程（见图6-1），找出并叙述气刹车上用到了哪些形式的气压制动回路，这些回路各自实现什么功能？具备哪些特点？

任务分析

气刹车的制动过程较为复杂，在制动过程中要求四个车轮能够进行同步制动。因此，气刹车制动系统是气压传动系统在汽车上的重要应用，其中包含了若干不同形式的回路。

任务实现

气刹车制动根据制动阶段可以分为驾驶人产生制动意愿—踩下制动踏板—制动阀开启—制动开始—制动保持—制动解除几个过程，都是由相应的气压及控制系统完成控制。按其控制目的、控制功能可分为方向回路、压力回路以及速度回路。复杂的气动系统是基本回路的有机组合，因此掌握基本的气动回路是设计气压系统的基础。

一、方向回路

方向回路指通过控制阀等元件改变气压系统的气流方向，进而实现执行元件运动方向改变的回路。在方向回路中实现换向功能的主要是控制阀，常用方向回路的控制阀有*n*位二通阀、*n*位四通阀等。

（1）案例一：具体回路组成如图6-13所示。

当2/2换向阀在右位时，从气压源流出的气体经过气泵加压、过滤、干燥并加入润滑剂后到达2/2换向阀，但此时换向阀处于右位，阀门截止，高压气体无法通过换向阀进入单作用气缸。当按下2/2换向阀的按钮时，换向阀动作，阀芯右移，气路接通，此时高压气体经由左侧阀口进入单向气缸的活塞右腔，高压气体克服弹簧作用力推动活塞左移；松开2/2按钮后，换向阀在弹簧力的作用下，阀芯回到最初位置，单向气缸在弹簧力的作用下右移回到最初位置。上述过程即为通过2/2换向阀实现的单向气缸的换向动作。仿真过程中的气缸位移、速度和控制阀状态如图6-14所示。

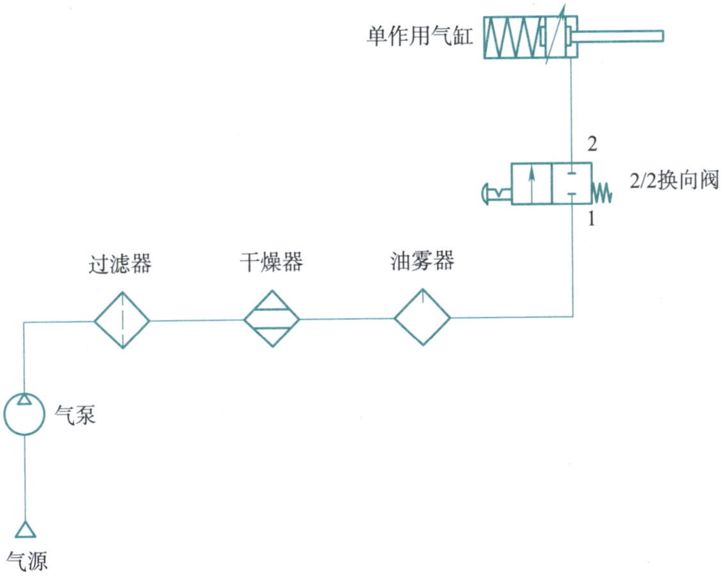

图6-13　气动方向回路

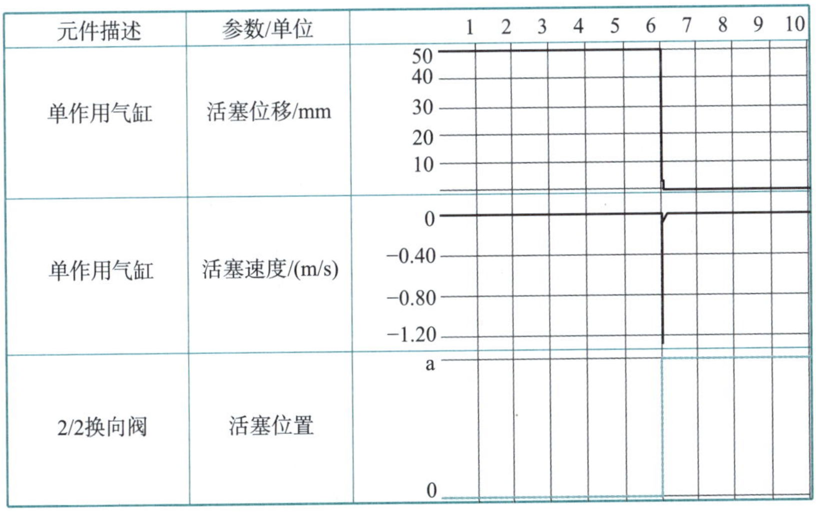

图6-14　方向回路气缸位移随控制阀位置变化仿真图

（2）案例二：具体回路组成如图6-15所示。

默认状态下，气动回路的5/2控制阀处于右位，此时根据气动回路可以看出双作用气缸的活塞右腔通入高压气体，活塞处于最右侧；当按下ST1按钮时，右侧电路接通，电磁线线圈YA1得电，5/2控制阀阀芯右移，左位接通。根据图6-15（a）可以看出高压气体通入双作用气缸的左腔，推动活塞向右伸出；当右侧电路关闭，YA1失电，5/2控制阀在右侧弹簧力的作用下回到右位，此时切换为气缸右腔通入高压气体，活塞向左回到原位。上述过程即为气缸的换向运动过程。仿真过程中的气缸位移、速度和控制阀状态如图6-16所示。

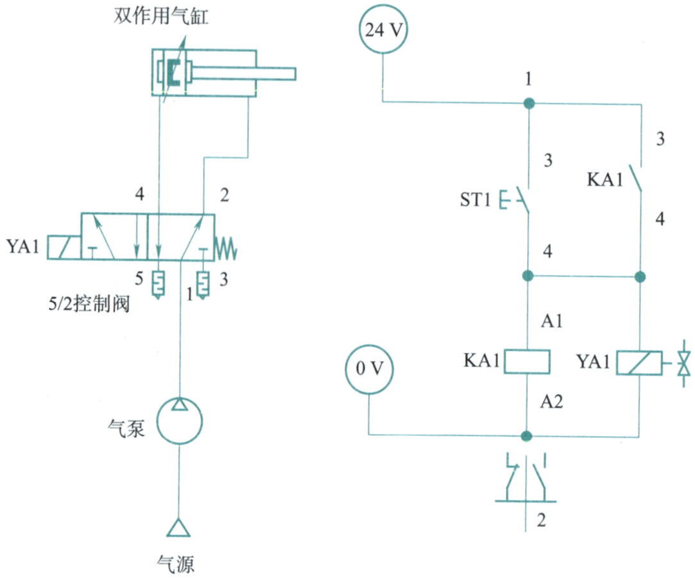

（a）换向回路气路图　（b）换向回路控制图

图6-15　节流阀及职能符号图

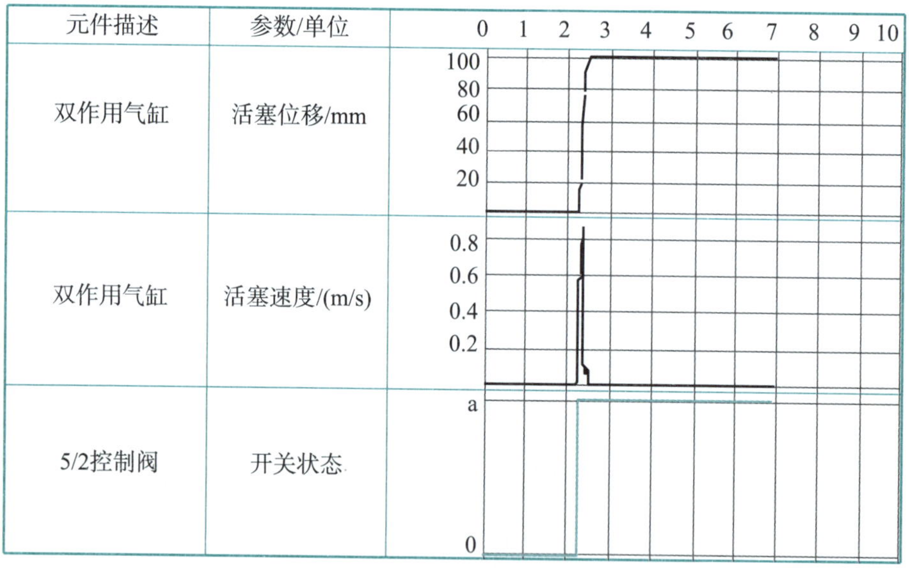

图6-16　换向回路气缸位移随控制阀位置变化图

二、压力回路

压力回路指具备通过调节阀调节液压系统中的压力达到稳定压力值，从而保证系统稳定或控制液压系统中执行元件的先后运动顺序等功能的回路。根据具体作用，压力回路又可以分为调压回路、增压回路等类型。其中调压回路的功能是调定或控制气压系统的最高工作压力，或实现执行机构运动过程中各阶段的多级压力变换。

（1）案例一：调压回路如图6-17所示。

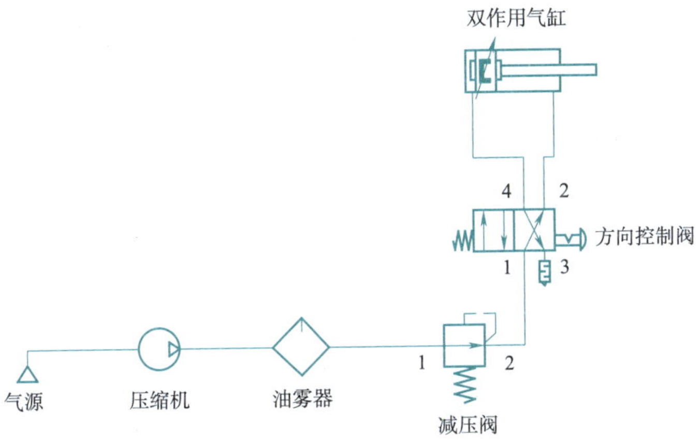

图6-17　调压回路

通过设定气路中减压阀的大小，即可调整通入双作用气缸中气压的大小，从而输出不同的推力和拉力。

（2）案例二：增压回路如图6-18所示。

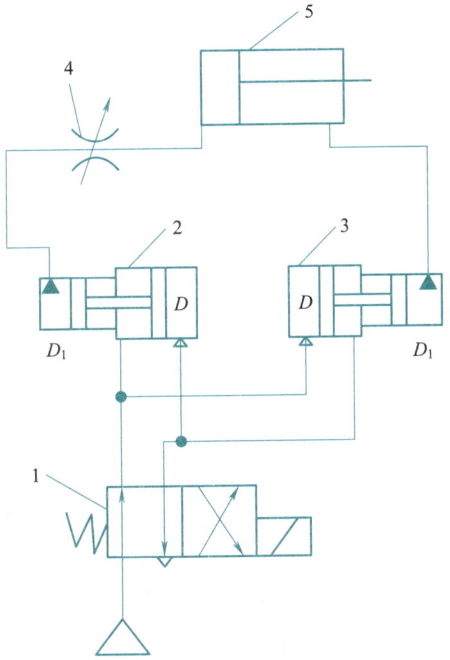

1—电磁阀；2、3—增压缸；4—节流阀；5—工作缸。

图6-18　增压回路

在默认位置，电磁阀1处于左位，此时高压气体通过电磁阀1的左腔上行，分别进入增压缸2、3的D腔左侧，增压缸2、3的活塞右移，增压缸3的D_1腔容积变小、压强增大，工作缸5的右腔通入高压气体，推动活塞左移，左腔内低压气体经由增压缸2的D_1腔排出；当电磁阀1换向时，工作流程恰好相反，工作缸活塞右移。在运动过程中，由于增压缸2、3左右两侧D、D_1的横截面积不同，若不考虑摩擦和活塞惯性，根据活塞受力平衡可知：

$$P_1D_1=PD$$

式中　P_1、P——增压器输入和输出液体压强，Pa；

D_1、D——增压器大小腔的直径，m。

由上式可知，由于$D_1<D$，因此$P_1>P$，实现了增压效果。

三、速度回路

通过改变气路系统中节流元件的参数或设置，控制执行元件（液压缸或液压马达）工作速度的回路称为速度回路。

1. 节流调速回路

通过设置节流阀的不同开度，达到调节气缸工作进程和回程运动速度的回路称为节流调速回路，如图6-19（a）所示。

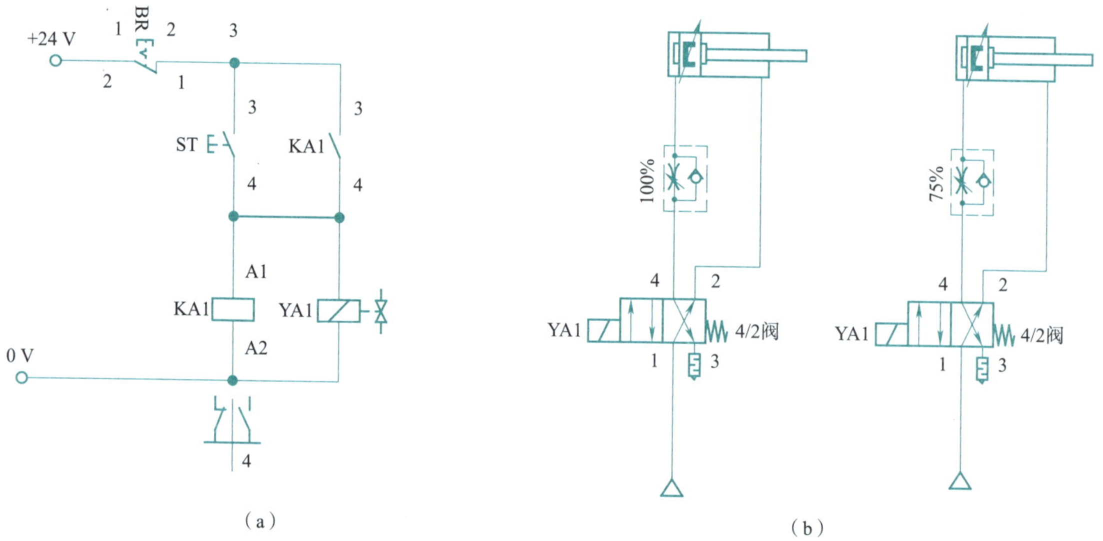

图6-19　节流调速回路

将可调单向节流阀安装在进气回路中，默认状态下，双向作用气缸在最左侧；当按下控制电路的ST按钮时，电磁线圈YA1得电，切换4/2阀的方向到左位，则气缸左侧进入高压气体，活塞向右推出。为了清楚比较节流阀的调速作用，图6-19（b）中接入了不同开度的节流阀，运行仿真后，可清楚看到两个气动回路中气缸推出速度的差异，显示节流阀在气路中的调速作用，如图6-20所示。

图6-19（b）所示的回路是将节流阀串联到进气回路，如果将节流阀串联到排气回路，则不但会起到节流效果，同时也能有效控制活塞的缩回速度。同时节流阀装在排气回路上会产生一定的背压，不至于左右两腔压差过大，可以有效提升系统的平稳性，不会产生失控现象。一般情况下，气缸的伸出动作为工作状态动作，希望气缸活塞伸出平稳一些；而退回动作为空行程，希望气缸活塞退回速度快一点，以节省工作时间。基于以上考虑，一般情况下，通常考虑将节流阀串联到排气回路较为稳妥。

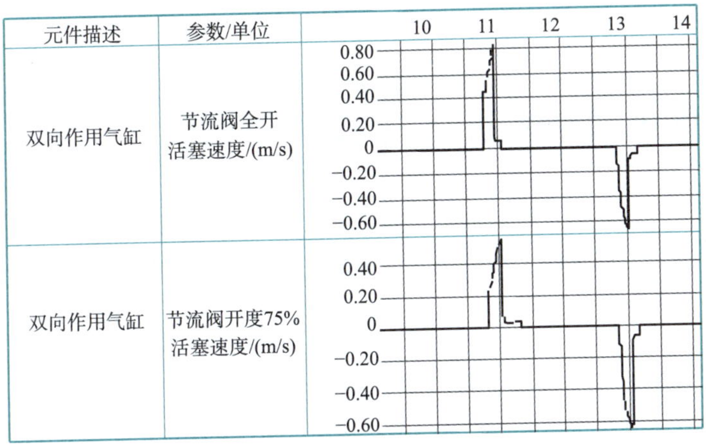

图6-20　节流调速仿真效果图

任务评价

评价内容	分　值	评价细则	量化分值	得　分
信息收集和自主学习	20 分	明确任务	3 分	
		制订合适的学习计划	3 分	
		独立进行信息收集	3 分	
		充分利用现有的学习资源	5 分	
		利用工具解决问题	3 分	
		排除学习干扰，能够自我监督与管控	3 分	
认识方向回路	15 分	掌握方向回路的组成与原理	15 分	
认识压力回路	40 分	掌握调压回路的组成与原理	20 分	
		掌握增压回路的组成与原理	20 分	
认识速度回路	15 分	掌握节流调速回路的结构与原理	15 分	
职业素养与职业规范	10 分	学习态度	3 分	
		团队合作	4 分	
		5S 管理意识	3 分	
总计	100 分			

思考与练习

仔细观察气刹车的制动过程，并结合该车的工作特点为该车设计一套制动系统回路，要求工作灵敏可靠，无安全隐患及泄漏存在。

任务四 认识气压系统在汽车中的应用

气压系统以其独特的优点：如能源清洁、容易获取等，在越来越多的汽车，尤其是商用车上取得了较多的应用，如气刹车的ABS系统、悬架系统等。因此，通过学习气压系统在汽车中的实际应用能够加深对于气压系统的理解和掌握。

任务目标

1. 能够分析并叙述气压系统在汽车制动中的工作过程；
2. 能够分析并叙述气压系统在汽车悬架中的工作过程。

任务描述

仔细观察汽车的气压制动系统（见图6-1）和全主动电控空气悬架系统（见图6-21），分析气压回路在汽车制动系统和主动悬架系统中的工作过程。

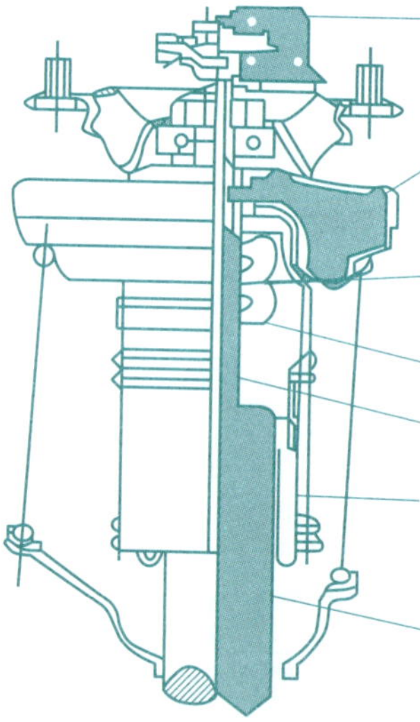

图6-21　全主动电控空气悬架结构图

任务分析

本任务主要学习气压传动系统在制动系统和悬架中的具体应用，旨在深入学习气压系统在汽车制动和悬架系统中的关键作用及其工作原理。通过对汽车气压制动系统和全主动电控空气悬架系统结构和工作流程的分析，可以加深对气压系统的认知与理解。

任务实现

气压传动在商用车中的应用较为广泛。例如，汽车的ABS制动系统、气刹车的制动系统、汽车的主动空气动力悬架系统、公交车的车门开闭系统、气压助力转向系统等都是气压传动在汽车中的具体应用。

一、气压传动在汽车制动系统中的应用

目前中大型的载货汽车、客车几乎都使用气压制动。气压制动具有制动力矩大、踏板行程较短、操纵轻便、使用可靠，同时对长轴距、多轴和拖带半挂车、挂车可以实现异步制动分配的优点。同时，气压制动也存在如消耗发动机的动力、结构复杂、制动不如液压式柔和等不足之处。

1. 总体结构

气压制动传动装置由动力部分、控制部分、执行装置以及辅助部分组成。动力部分有空气压缩机、调压器、储气筒等；辅助装置有油水放出阀、气管、气压表等；控制装置有制动开关、制动控制阀、卸荷阀、单向阀、安全阀等；执行装置主要是前制动室、后制动室。气压制动装置具体组成如图6-22所示。

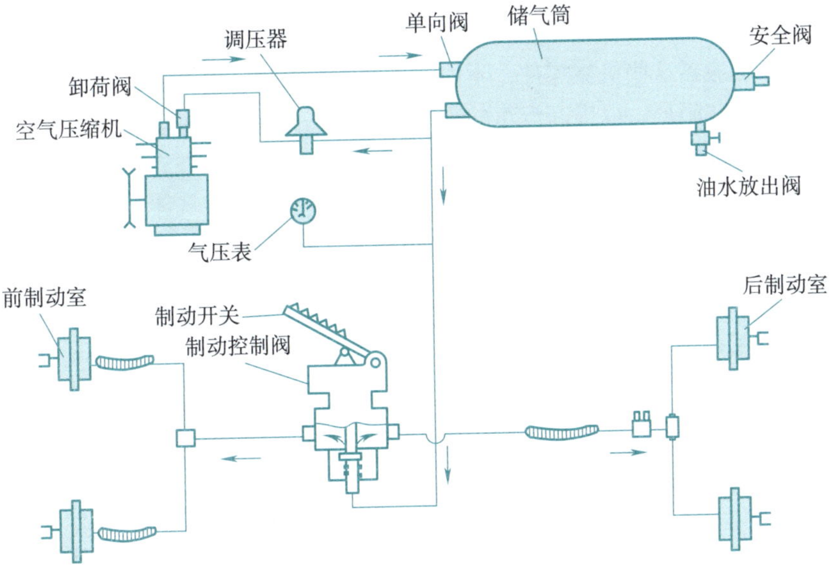

图6-22　气压制动装置具体组成

2. 工作原理

由发动机驱动的空气压缩机将压缩空气经单向阀首先输入湿储气罐，压缩空气在湿储气罐内冷却并进行油水分离后，分成两个回路：一个回路经储气筒、制动控制阀的中腔通向后制动室；另一个回路经储气筒、制动控制阀的下腔通往前制动室。当其中一个回路发生故障失效时，另一个回路仍能继续工作，以保证汽车具有一定的制动能力，从而提高了汽车行驶的安全性。现在车辆根据国家标准要求，必须设置双回路，以确保制动的安全性能。

3. 工作过程

当驾驶人踩下制动踏板（制动开关），推动制动控制阀的推杆向下运动，依次打开通往后桥、前桥的阀口，储气罐中经过调压、干燥、除杂后的高压气体经过管路通过制动控制阀向前、向后分别进入前后桥的制动室，启动室内的活塞/隔板推动推杆向外伸出，对车轮产生制动力矩，车辆

开始减速或停车；当驾驶人保持制动踏板位置不动，则制动控制阀开度保持不变，通往前后桥的气体流量保持不变，则汽车的减速度保持相对不变；如果驾驶人松开制动踏板，在回位弹簧和制动控制阀回位弹簧的作用下，踏板回归原位，制动控制阀关闭，制动结束。

二、气压传动在汽车主动空气动力悬架中的应用

1. 悬架概念

悬架是车架（承载式车身）与车桥（车轮）之间一切传力、连接装置的总称。

2. 基本组成

（1）弹性元件：缓和冲击，承受、传递垂直载荷。

（2）减振器：衰减振动。

（3）导向机构：传递侧向力、纵向力，并保证车轮相对车身的正确运动关系。

（4）横向稳定器：防止车身横向过度倾斜。

3. 悬架类型

大多数汽车采用被动悬架，即弹性和阻尼只能被动地取决于路面、行驶状况和汽车的弹性元件、导向装置以及减振器这些机械零件，不能随外部工况变化；主动悬架可以根据路面和行驶工况自动调整悬架刚度和阻尼，以提高汽车的平顺性和操纵稳定性。主动悬架系统大多采用空气弹簧或油气弹簧作为弹性元件，通过改变弹簧空气压力或油液压力的方式调节弹簧的刚度，使汽车的相关性始终处于最佳状态。空气弹簧以压缩空气（或氮气、惰性气体）作为弹性介质，利用气体的可压缩性实现弹簧的作用。常见的空气弹簧包括囊式和膜式两种，如图6-23所示。

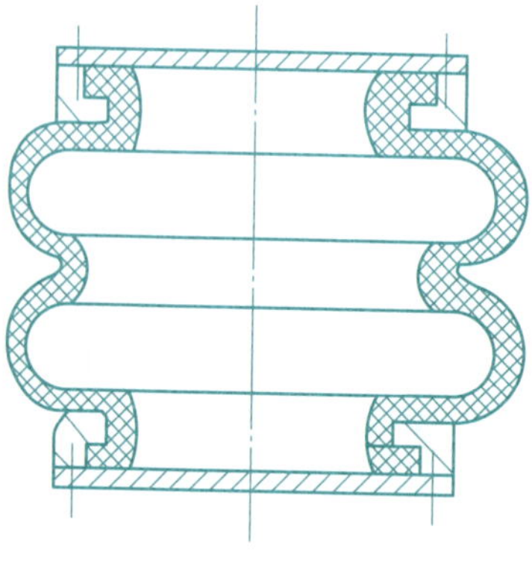
（a）囊式空气弹簧

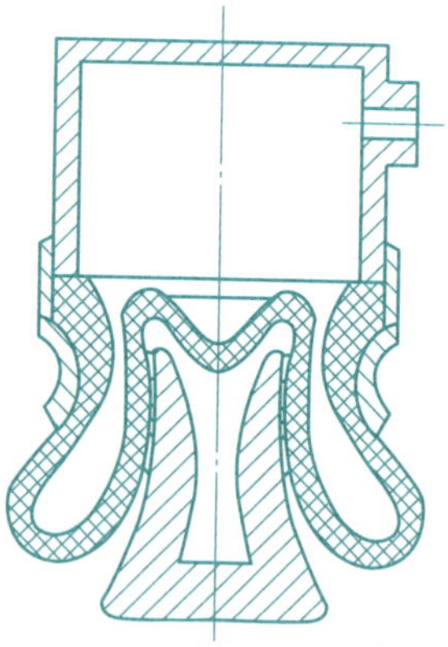
（b）膜式空气弹簧

图6-23　常见空气弹簧

4. 案例分析

1）系统原理

某型号汽车上使用一种新开发的全浮式空气悬架。该悬架系统与CDC（根据车辆行驶状况进行调节的电子阻尼系统）联合使用后，就可以在物理极限内更好地满足动力性和舒适性的要求。这个调节过程会考虑到车辆当前的各种行驶状态，包括车轮运动（非悬架质量）和车身运动（悬架质量）。一共有四个可供选择的程序（模式），可以实现不同的减振特性曲线，每个减振器都是独立调节的，每个模式（舒适或运动）都可以保证乘客获得最佳的舒适性和行驶安全性。“模式”

可以理解为：悬架调节程序与减振特性曲线的一种完美组合形式。

在每个空气悬架支柱上都有一个剩余压力保持阀，直接安装在空气接口上，该阀用于保证空气悬架内总能保持有至少约3.5 bar的压力。在车速超过120 km/h的30 s后，底盘会下沉25 mm（高速公路底盘下沉），可以改善空气动力学性能并降低燃油消耗。某型号汽车空气悬架气路图如图6-24所示。

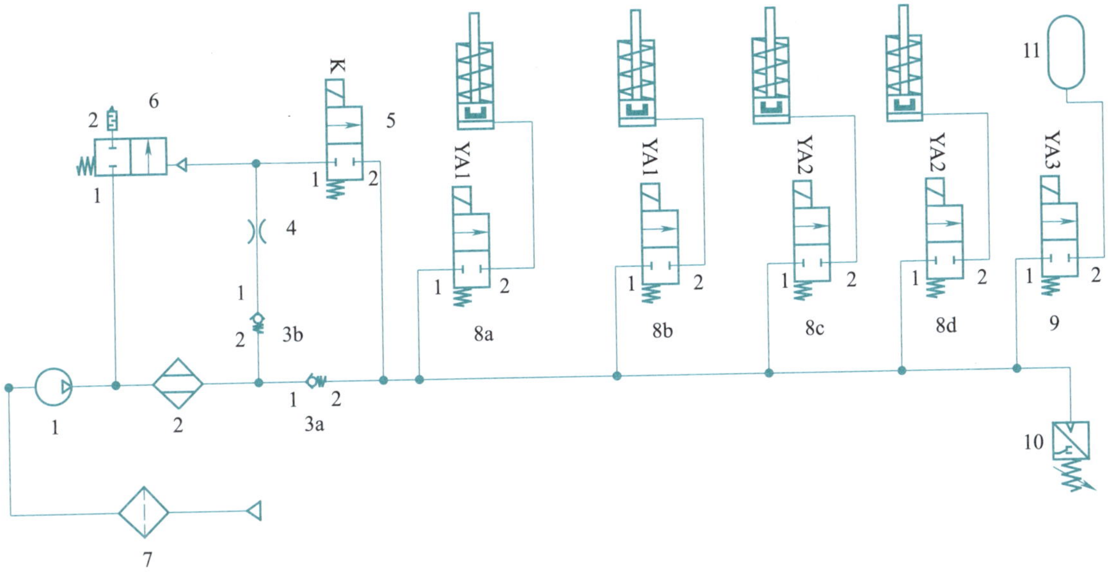

1—气泵；2—干燥器；3a、3b—单向阀；4—节流阀；5—电控排气阀；6—气动排气阀；7—过滤器；8a—左前减振阀；8b—右前减振阀；8c—左后减振阀；8d—右后减振阀；9—蓄压器阀；10—气压传感器；11—蓄压器。

图6-24　某型号汽车空气悬架气路图

2）工作过程

（1）压力建立过程。阀8a、8b和8c、8d是成对电控的（前桥和后桥）。空气由气泵1经过滤器7吸入，压缩空气经干燥器2、单向阀3a和阀8进入空气弹簧。

如果空气弹簧由蓄压器11充气，那么阀9和相应车桥上的阀8就会打开。蓄压器11由气泵1经打开的阀9充气。在车辆发生侧滑时，阀8a~8d也可进行单独调节。

（2）卸压过程。相应的阀8a、8b和8c、8d以及电控排气阀5打开，气流流经排气阀5并打开气动预控排气阀6。气流经排气阀6、辅助消声器离开系统。当气流流经干燥器2时，干燥剂被还原。

（3）调节过程。车身水平高度有以下变化过程：

①提升过程：8c、8d阀打开，气泵向左后空气弹簧和右后空气弹簧充气，因此后桥先升高；然后阀8a、8b打开，气泵向左前空气弹簧和右前空气弹簧充气，前桥开始升高，整个车身高度提升调节完成。

②下降过程：阀8a、8b打开，左前空气弹簧、右前空气弹簧中的空气按照卸压过程完成排气，因此前桥高度开始下降；8c、8d阀打开，左后空气弹簧、右后空气弹簧中的空气按照卸压过程完成排气，后桥高度开始下降，整个车身高度下降调节完成。

任务评价

评价内容	分　值	评价细则	量化分值	得　分
信息收集和自主学习	20分	明确任务	3分	
		制订合适的学习计划	3分	
		独立进行信息收集	3分	
		充分利用现有的学习资源	5分	
		利用工具解决问题	3分	
		排除学习干扰，能够自我监督与管控	3分	
气压传动在汽车制动系统中的应用	30分	掌握气压制动系统总体结构	10分	
		掌握气压制动系统工作原理	10分	
		掌握气压制动系统工作过程	10分	
气压传动在汽车主动空气动力悬架中的应用	40分	理解悬架概念	5分	
		掌握悬架组成	5分	
		掌握悬架类型的识别	5分	
		分析案例	25分	
职业素养与职业规范	10分	学习态度	3分	
		团队合作	4分	
		5S管理意识	3分	
总计	100分			

思考与练习

公共汽车车门采用气动控制，驾驶人和售票员处各有一个开关控制汽车车门的开关。试设计该气动回路，并说明整个工作过程。

参 考 文 献

[1] 孙杰. 汽车机械基础[M]. 北京：机械工业出版社，2020.

[2] 宋志安，王成龙，曹连民，等. 液压传动与控制的FluidSIM建模与仿真[M]. 北京：机械工业出版社,2020.

[3] 成大先. 机械设计手册[M]. 北京：化学工业出版社，2010.

[4] 李思思，周李洪，杨承阁. 汽车机械基础[M]. 北京：机械工业出版社，2023.

[5] 唐昌松，程琴. 机械设计基础[M]. 北京：机械工业出版社，2022.

[6] 卢晓春. 汽车机械基础[M]. 3版. 北京：机械工业出版社，2017.

[7] 陈位铭. 汽车机械基础[M]. 北京：北京理工大学出版社，2009.

[8] 康国兵，杨小萍，冯津. 汽车机械基础教程[M]. 北京：机械工业出版社，2022.

[9] 吴建蓉，王东光. 汽车机械基础[M]. 北京：高等教育出版社，2016.